세일즈 성장 무한대의 공식

세일즈 성장 무한대의 공식

초판 1쇄 발행 2016년 7월 20일

지은이 마크 로버지
옮긴이 정지현

펴낸이 박상진
편 집 김제형
관 리 황지원
디자인 양동빈

펴낸곳 진성북스
출판등록 2011년 9월 23일
주 소 서울특별시 강남구 영동대로 85길 38 진성빌딩 10층
전 화 02)3452-7762
팩 스 02)3452-7761
홈페이지 www.jinsungbooks.com

ISBN 978-89-97743-24-7 03320

※ 진성북스는 여러분들의 원고 투고를 환영합니다.
   책으로 엮기를 원하시는 좋은 아이디어가 있으신 분은
   이메일 jinsungbooks12@gmail.com로
   간단한 개요와 취지, 연락처 등을 보내 주십시오.
   당사의 출판 컨셉에 적합한 원고는 적극적으로 책을
   만들어 드리겠습니다!

※ 진성북스 네이버 카페에 회원으로 가입하는 분들에게
   다양한 이벤트와 혜택을 드리고 있습니다.
   · 진성북스 공식 카페 http://cafe.naver.com/jinsungbooks

세일즈 성장
무한대의 공식

마크 로버지 지음 / **정지현** 옮김

진성북스
JINSUNGBOOKS

"미국 노동부 집계에 따르면 미국 기업들은 연간 1,000조 원 이상의 천문학적 비용을 세일즈에 쓰고 있지만, 놀랍게도 세일즈 전반에 걸친 명확한 도구와 공식은 내놓지 못하는 실정이다. 이 책은 50여 개 기업의 세일즈 컨설팅 담당자인 내게 실질적인 길잡이 역할을 하는 유용한 교과서다. 현재 진행 중인 세일즈가 현금화시킬 수 있는 비즈니스로 계속 발전하길 바란다면 저자가 소개하는 소중한 정보들에 먼저 빠져보고 자신만의 방법을 갈고 닦아라."

- 장문정, 《팔지마라 사게하라》 저자, MJ소비자연구소 소장

"커리어 초기에 월스트리트에 있는 컨설팅 회사에서 세일즈 업무를 맡은 적이 있다. 당시는 정보를 가지고 있는 세일즈맨이 고객 관계에서 힘을 쥐었다. 온라인에 콘텐츠가 넘어가는 지금은 기존의 판매방식이 더 이상 통하지 않는다. 이 책은 구매자가 주도하는 새로운 세상에서 성공하려면 세일즈가 어떻게 바뀌어야 하는지 확실한 공식을 내놓는다."

- 데이비드 미어런 스콧, 《세일즈와 서비스의 새로운 법칙(The New Rules of Sales and Service)》을 비롯해 10권의 베스트셀러를 쓴 저자

"마크 리버지와 허브스팟은 내가 세일즈 분야의 새롭고 효과적인 아이디어를 연구하기 위해 찾는 얼마 되지 않는 대상이다."

- 애런 로스, 《예측 가능한 매출(Predictable Revenue)》 저자

"엔지니어의 사고방식은 현대적인 세일즈 리더에게 불공평할 정도의 이점을 선사한다. 이 책이 그 이유를 설명해준다."

- 존 맥기치(John McGeachie), 에버노트 세일즈 부사장

"규율이 잡혀 있고 데이터를 중요시하는 새로운 유형의 리더들이 세일즈 부문을 변화시키고 있다. 이 책은 그 이유를 설명해준다."

- **토니 로빈스**, 《머니(MONEY)》 저자, 변화 심리학 최고 권위자

"모든 CEO와 세일즈 책임자가 예측 가능한 확장을 꿈꾼다. 하지만 꿈을 이루는 경우는 드물었다. 이 책은 그 목표를 이루어줄 전략적 방법을 제시한다."

- **브라이언 슈미트**, 트립어드바이저 세일즈 글로벌 부사장

"이제는 세일즈 엔진을 가동해야 할 때! 이 책은 수수께끼 같은 세일즈를 모든 리더가 실행할 수 있는 확장 가능한 방법론으로 바꿔준다."

- **질 콘래스**, 《대기업에 팔기(Selling to Big Companies)》,

《민첩한 세일즈(Agile Selling)》저자

"마크는 평가지표에서 통찰을 얻어 새로운 세일즈 방법론을 찾는 일에 앞장서 왔다. 세일즈 조직을 운영하는 사람에게 무조건 추천한다."

- **데이빗 스코크**, 매트릭스 파트너스 무한책임사원

"현대의 세일즈 팀을 확장하는 처방전을 제시한다. 세일즈 리더라면 꼭 읽어야 할 책이다."

- **케빈 이건**, 드롭박스 세일즈 부사장

　우리가 살아가는 이 흥미로운 시대가 내리는 고난에서 세일즈도 예외는 아니다. 지금 시대가 전례 없는 난관에 부딪혔다는 사실은 모두 알고 있다. 인터넷과 전자상거래의 영향, 구매자의 파워와 정교함, 글로벌화 등. 세일즈 조직과 세일즈 매니저, 세일즈맨들은 여러 면에서 '흥미로운' 도전에 직면했다.

　또 다른 어려운 문제가 있다. 바로 세일즈는 어느 순간부터 전략의 중심에 놓여있다. 기업의 이사회는 그 어느 때보다 세일즈 전략에 주시하고 있다. 그 이유는 무엇일까? 여러 이유들 중 두 가지가 눈에 띈다. 첫 째, 치열해진 경쟁이다. 오늘날 그 어떤 틈새시장도 안전하지만은 않다. 기업들은 5년 전보다 경쟁자가 2배나 늘었다는 통계가 자주 언급된다. 그 수치가 정말 사실인지는 아무도 모르지만 다수의 전문가들은 사실이라고 믿고 있다. 유효한 수치라고 가정한다면 모든 기업의 평균 시장점유율은 절반으로 줄었다고 할 수 있다.

　두 번째 요소는 대부분의 기업들이 과도한 경쟁효과를 물리치기 위해 의존했던 전략의 위험성이다. 경쟁사회에서 승리하기 위한 주요 전략이 무엇인지 기업들에게 물어보자. 실제로 얼마 전 기업의 전략 담당자들과의 회의에서 이 질문을 물었더니 70% 이상이 '혁신'이라고 답했다. "효과가 있나요?"라는 질문에는 절반 이상이 아니라고 답했다. 물론 혁신을 비난하려는 것은 아니다. 제대로 해내기만 한다면 훌륭한 전략이다. 모든 기업이 어쩔 수 없이 계속 혁신을 추구하고 있다. 아니, 회사 문을 닫을 위험을 무릅쓴다고 해야 할까? 혁신은 경쟁에서 이기기 위한 당연한 방법이었다. 하지만 많은 조직에서 혁신의 단점이 나타났다. 우선 혁신은 지속하기에 매우 힘든 전략이다. 혁신의 대명사인 애플(Apple)도 앞으로 오랫동안 지속가능한 혁신을 이루기란 쉽지 않다. 눈에는 잘 보이지 않는 단점도 있다. 그것은 바로 줄어드는 기회의 창이다.

혁신을 하려면 경쟁 속에서도 잠깐의 숨 돌릴 시간이 필요하다. 경쟁자보다 앞서갈 수 있는 특별한 뭔가를 갖출 시간 말이다. 과거에는 어느 정도 훌륭한 혁신을 이룬 기업이라면 경쟁자가 따라잡을 때까지 약 1~2년 동안은 경쟁우위를 유지할 수 있었다. 하지만 이제 사정이 달라졌다. 기업은 최대 몇 개월 동안만 경쟁우위를 지킬 수 있다. 이것도 운이 좋으면 말이다. 그래서 많은 기업들이 혁신에 의존하는 성장전략에 의문을 던지고 있다.

이제 세계를 대표하는 기업들은 유기적 성장(organic growth)이라는 새로운 신조를 내세우고 있다. GE의 제프리 이멜트(Jeffrey Immelt)의 설명처럼 유기적 성장은 '세일즈와 마케팅 자산을 이용해 경쟁자의 최고 고객을 빼앗아오는 것'이다. 유기적 성장이 건전한 전략인 것은 분명하다. 하지만 어떻게 달성하는가가 문제다. 전제조건은 경쟁자보다 유능한 세일즈 인재들이 있어야 한다는 것이다. 그러나 그런 세일즈 팀을 만들고, 교육시키고, 운영하고 키우는 방법을 알고 있는 기업은 극소수에 불과하다.

다행히 시중에는 좋은 조언들이 많이 나와 있다. 지난 수십 년 동안 채용에서 교육, 보상, 경영까지 다양한 주제를 다룬 세일즈 관련 도서들이 쏟아져 나왔다. 퍼즐의 조각들이 맞춰지면서 점점 확실해지고 있다. 하지만 내 생각에 아직 빠진 조각이 있다. 퍼즐 조각 하나하나를 아무리 잘 알더라도 큰 그림으로 맞추지 않으면 아무 소용없다. 그래서 이 책을 출간하게 되었다. 마크는 MIT 출신 엔지니어로 허브스팟이라는 3인으로 구성된 스타트업 기업에 합류했다. 그가 '확장과 예측가능한 매출 성장', 즉 세일즈라는 직업에 뛰어들기에 얼마나 자격조건이 부족했는지 한 번 돌아보자.

우선 그는 세일즈에 대해 아무것도 알지 못했다. 어쩌면 세일즈에 오래 몸담은 리더들을 짓누르는 수많은 미신과 위법행위, 나쁜 습관에서 자유로울 수 있으니 큰 단점은 아닐지도 모른다. 하지만 허브스팟이 대기업이었다면 그를 세일즈 부문에 영입하지도 않았을 것이고 더더욱 책임자로 세우지도 않았을 것이다. 마크의 두 번째 약점은 엔지니어 출신이라는 점이었다. 프로그램 코딩을 하다가 어느 날 갑자기 세일즈 조직을 키울 수 있는 사람은 많지 않다. 엔지니어링과 세일즈 사이에는 서로 깊은 선입견이 존재한다. 세일즈에 대한 엔지니어의 선입견은 세일즈란 거짓말과 속임수, 훔치기 등 비윤리적인 방법으로 필요하지도 않은 물건을 사도록 사람들을 조종하는 짜증나는 기술이라는 것이다. 탁월한 세일즈맨이 될 수 있는 자질이 있는데도 이런 이유로 세일즈를 하느니 차라리 굶어죽겠다는 엔지니어들이 많다.

마찬가지로 세일즈 분야에도 엔지니어에 대한 선입견이 있다. 상상력과 감성이라곤 눈곱만큼도 없는 외계 생명체로 본다. 이 선입견에 따르면 엔지니어는 사람들을 전혀 의식하지 않으며 세일즈 시도를 무너뜨리면서 기쁨을 느낄 것이다. 수 년 전 모토로라에서 세일즈맨들이 엔지니어는 고객을 어떻게든 떨쳐내려고 '진실을 내뱉는 사람들'이라고 불렀던 기억이 난다. 이렇게 위험한 선입견은 아직도 남아 있다. 그동안 세일즈는 성장할 수밖에 없었다. 요즘은 수치, 논리, 분석력 등 엔지니어와 관련된 능력을 갖추지 못하면 B2B 세일즈 세계에서 성공할 수 없다. 전통적인 엔지니어링 방식이 세일즈 조직의 성장에 필수적인 이유를 보여주는 훌륭한 사례 연구를 이 책에서 찾을 수 있다. 마크는 허브스팟에 엔지니어의 사고방식을 도입했다. 성공요인을 분석하고 논리적 프로세스를 마련하고 측정과 분석을 통합했다. 이 책을 읽는 동안 자신의 전문 분야를 활용해 중요한 사안을 집어내고 신선한 관점에서 바라봄으로써 남들은 포기했을 문제에 대한 실행가능한 해결책을 찾아내는 스마트한 사상가를 볼 수 있었다.

결과적으로 마크는 겨우 3명으로 차고에서 시작해 7년 만에 1억 달러 매출을 올린 기업을 만드는 데 일등공신 역할을 한 세일즈 조직을 만들었다. 마크 로버지가 이 책에서 설명하는 여정은 여러 면에서 특별하다. 첫째, 중요한 퍼즐조각을 찾을 뿐만 아니라(성공에 필수적인 4가지 조각) 하나로 합쳐 전체 그림을 만드는 훌륭한 사례라고 할 수 있다. 둘째, 내가 아는 한, 이미 언급했듯이 분석적인 방법으로 세일즈를 성장시킨 최고 사례다. 셋째, 마크의 이야기는 세일즈 성장의 전 영역을 다룬다. 첫 번째 세일즈 인재 채용처럼 일반적인 스타트업 기업이 부딪히는 문제부터 시작해 매출액 1억 달러 기업이 직면하는 문제로 이어진다. 모든 것을 다룬다는 점에서 더 흥미로운 책이다. 세일즈 담당자가 한 명뿐인 작은 스타트업 기업이든 500명의 대기업이든 공감하고 지금 당장 활용할 수 있는 정보를 만날 수 있다.

- 닐 라컴(Neil Rackham)
《당신의 세일즈에 SPIN을 걸어라》 저자

'확장과 예측가능한 매출 성장'

목요일 밤 11시. 나는 '확장과 예측가능한 매출 성장'이라는 단어들을 노트에 적었다. 지금 막 허브스팟이라는 3인으로 구성된 마케팅 소프트웨어 스타트업 회사에 입사하기로 계약서에 서명을 했다. 공동창업자인 다르메시 샤와 브라이언 홀리건은 MIT에서 공부할 때 만난 사이였다. 그들은 '기업들이 아웃바운드에서 인바운드로 마케팅 방식을 바꾸도록 도와준다'라는 커다란 야망을 가진 똑똑한 남자들이었다. 내가 할 일은 세일즈 팀을 구축하는 것이었다. 밤늦도록 눈앞에 펼쳐진 길과 내가 막 받아들인 임무에 대해 생각하고 있었다.

'확장과 예측가능한 매출 성장'이 내가 맡아서 해야 할 일이었다. 7년 후 허브스팟은 1억 달러의 매출을 달성했다. 나는 글로벌 세일즈와 서비스 부문의 수석 부사장(수석부사장:Senior Vice President)으로 일하면서 처음으로 60개국에서 1만 명의 고객을 유치하도록 도왔다. 세일즈와 서비스, 고객관리, 지원조직 등에 걸쳐 450명으로 이루어진 팀을 이끌었다. 세일즈 팀의 리더 중 이렇게 처음부터 끝까지 여정을 마친 경우는 드물다. 특히, 내 경우는 세일즈 팀 구축과 관련된 경험은 전무한 상태였다. 세일즈 관련 업무를 해본 적도 없었다. 나는 MIT를 졸업한 엔지니어다. 프로그램을 코딩(Coding)하는 일로 사회생활을 처음 시작했는데 어쩌다보니 세일즈 팀의 리더가 되었다. 그동안 내가 아는 세계관에 따라 평가지표와 프로세스를 활용하는 방법으로 세일즈 팀을 이끌면서 기존의 여러 개념들을 거슬렀다.

내가 거친 여정을 듣고 사람들은 관심을 보였다. 엔지니어링 방법론으로 어떻게 세일즈 팀을 성공적으로 키웠는지 궁금해 했다. 호기심에 사로잡힌 세일즈 팀의 임원들과 비즈니스 오너들로부터 전화가 빗발쳤다. 강연 요청도 쇄도해 결국 이 책을 쓰기에 이르렀다. 하지만 의도한 바는 아니었다. 단지 가족을 부양하고 브라이언과 다르메시가 세운 목표에 기여하기 위해 노력했을 뿐이다. 어쨌든 내가 세일즈 팀을 키운 과정을 함께 나누게 되어 기쁘다. 이 책을 읽는 당신에게도 도움이 되길 바란다. 나는 노트에 또 이렇게 적었다.

1. "세일즈맨을 성공적으로 채용한다."(세일즈 채용 공식)

2. "모든 세일즈맨을 똑같이 교육시킨다."(세일즈 교육 공식)

3. "세일즈맨들이 똑같은 세일즈 프로세스를 사용하게 한다."
   (세일즈 관리 공식)

4. "세일즈맨들에게 매달 똑같은 양과 질의 잠재고객을 제공한다."
   (수요 창출 공식)

이 4가지가 나의 세일즈 가속도 공식에 포함되었다. 이 4가지 요소를 실행한다면 '확장과 예측이 가능한 매출 성장'을 달성할 수 있을 것이라고 생각했다. 4가지 요소를 위해 반복 실행가능한 프로세스를 고안하고 평가지표에 따라 계산해 모든 것이 공식의 성격을 띠도록 했다. 이 예측가능한 프레임워크를 각각 세일즈 채용 공식, 세일즈 교육 공식, 세일즈 관리 공식, 수요 창출 공식이라고 부른다. 내가 걸어온 여정과 이 책의 내용이 바로 그 공식들이다. 확실히 밝히자면 이 공식은 'X+Y=Z'처럼 수학적인 성질은 없다.

세일즈 팀 확장 업무도 그렇게 단순하다면 얼마나 좋을까! 여기서 공식은 내가 예측가능한 확장을 위해 사용한, 반복 실행가능한 프로세스와 평가지표, 계산을 뜻한다.

1부에서는 세일즈 채용 공식을 다룬다. 평가지표를 이용해 유능한 세일즈맨을 채용하는 방법을 알 수 있다. '이상적인 인재 채용'을 위한 보편적인 틀은 없다는 사실을 알 수 있다. 과연 이상적인 인재인지의 여부는 기업의 채용담당자의 상황에 따라 다르다. 따라서 어떤 기업에서는 최고의 성과를 올리는 인재더라도 다른 기업에서는 실패할 수 있다. 하지만 이상적인 채용공식을 만드는 과정은 모든 기업이 동일하다. 기업은 성장 초기 단계에 이 공식을 준비해야만 높은 성과를 올릴 가능성이 큰 인재들을 채용할 수 있다. 실제 사례로 허브스팟의 최고 인재들로부터 공통적으로 나타난 특징을 소개하고 지원자들마다 각 특징을 어떻게 평가했는지 설명할 예정이다.

2부에서는 세일즈 교육 공식을 다룬다. 신입사원이 한 달 동안 유능한 직원을 따라다니며 배우는 방법이 왜 위험한지 당신은 알게 될 것이다. 3가지 기본 요소인 구매결정 과정, 세일즈 프로세스, 자격 부여 매트릭스를 통해 세일즈 교육 확장법을 소개한다. 시험과 인증으로 교육 프로그램에 예측성을 더하는 방법도 설명한다. 유용한 정보를 제공함으로써 잠재고객이 상호작용하고 싶도록 만드는 세일즈맨을 키우는 청사진이 제시된다. 구매자가 힘을 가진 요즘 시장에서는 고객에 집중하는 세일즈 팀이 내부에 집중하는 경쟁자보다 성공 가능성이 높다.

3부에서는 세일즈 관리 공식을 다룬다. 우리 회사의 세일즈 매니저라는 직함을 '세일즈 코치'로 바꿨으면 더 좋았을 것이라는 생각이 든다. 효과적인 세일즈 코칭이야말로 세일즈 생산성의 가장 큰 원동력이다. 세일즈 매니저는 코칭에 최대한 많은 시간을 투자해야 한다. 특히 초보 세일즈 매니저들은 신입사원들에게 현재의 세일즈 프로세스에 대한 엄청난 양의 피드백을 제공해 당황하게 만드는 실수를 저지르기 쉽다. 허브스팟의 유능한 매니저들은 피드백 폭격의 덫에 빠지지 않으려고 노력했다. 대신 해당 세일즈맨의 성과를 올려주는 데 가장 크게 기여할 수 있는 기술이 무엇인지 한 번에 하나씩 파악했다. 그리고 그 기술을 개발해줄 수 있는 맞춤형 코칭 플랜을 세웠다. 나는 매니저들에게 평가지표를 이용해 세일즈맨의 가장 부족한 부분을 스스로 진단하라고 했다. 이것이 바로 '평가지표 중심의 세일즈 코칭'으로 그동안 기조연설에서도 많이 언급했다. 평가지표 중심의 코칭으로 부족한 부분을 파악하고 콘테스트와 보상 구조로 유익한 행동을 이끌어내는 조직문화를 만드는 방법을 소개할 것이다.

4부에서는 수요 창출 공식을 다룬다. 인터넷 덕분에 구매자가 제품이나 서비스를 알아보는 방식이 완전히 바뀌었다. 오늘날 구매자들은 원하는 제품을 언제든지 찾을 수 있다. 치열한 경쟁 속에서 제품이나 서비스에 대해 완벽에 가까운 정보를 얻을 수 있다. 구매자는 구글과 같은 포털사이트 검색이나 소셜미디어에서 이런 정보 얻을 수 있다. 구매자 스스로 통제권을 쥐고 있는 것이다. 허브스팟에서는 이런 변화에 발맞춰 수요 창출 공식을 새로 만들었다. 4부에서는 허브스팟이 오늘날의 구매자 행동에 맞춘 수요 창출 공식으로 한 달 5만 건 이상의 인바운드 관심고객을 발굴한 방법을 소개한다. 세일즈와 마케팅 서비스 협의를 통해 세일즈와 마케팅을 정렬시키는 양적 접근법도 설명된다.

5부에서는 테크놀로지와 실험에 대해 이야기한다. 지난 수십 년 동안 기술의 발달로 재무부서가 예산을 관리하고, HR부서가 인력을 관리하고, IT부서가 데이터를 관리하고, 세일즈 임원들이 세일즈 예측을 관리하는 방법에 큰 발전이 이루어졌다. 하지만 테크놀로지가 고객과 가장 가까운 곳에서 일하는 세일즈맨들에게도 도움을 주었는가? 그렇지 않다. 세일즈맨들은 오랫동안 갈수록 진보하는 기술의 혜택을 얻지 못했다. 오히려 테크놀로지는 세일즈맨들의 판매 속도를 느리게 만들었다. 허브스팟에서는 세일즈맨들이 더 빨리 더 잘 팔게 해주는 테크놀로지를 마련하려고 노력했다. 이 테크놀로지는 세일즈맨들이 구매자의 상황과 관심사를 알게 해주므로 결과적으로 더 나은 고객 경험을 제공해주었다. 우리 세일즈맨들은 가장 도움이 되는 방법으로 가장 도움이 되는 시간에 구매자와 상호작용할 수 있었다. 또한, 이 테크놀로지는 세일즈맨들의 불필요한 사무 업무를 없애주고 판매에만 전념할 수 있는 시간을 최대화했다.

또한 5부에서는 세일즈 팀의 확장 과정에서 실험이 매우 중요하다는 사실을 알 수 있다. 나는 이론 개발, 실험, 고찰, 반복을 통해 세일즈 프로세스를 계속 발전시켰다. 허브스팟의 가장 성공적인 실험 사례를 소개할 것이다. 기업의 오너, 세일즈 부서의 임원, 그리고 투자자들 모두는 탁월한 아이디어를 통해 1억 달러의 매출을 올리는 기업을 만들고 싶어 한다. 그들이 직면한 가장 큰 문제는 바로 세일즈 팀을 확장하는 일이다. 성공의 청사진을 간절히 찾지만 실패한다. 전통적으로 세일즈가 과학이 아닌 '예술 형태'로 여겨졌기 때문이다. 대학에는 세일즈 전공 과정이 없다. 많은 사람들은 세일즈가 과연 배울 수 있는 것인지에 대한 의문을 갖는다. 수많은 임원들과 기업가들이 절망과 무기력함을 느낀다.

이 책은 그런 패러다임을 완전히 바꾼다. 오늘날 디지털 세계에서는 모든 행동이 기록되어 엄청난 데이터가 축적된다. 세일즈 팀을 키우는 작업은 더 이상 예술이 아니다. 하나의 프로세스다. 세일즈는 예측가능하다. 세일즈 공식은 존재한다.

- 목차 -

■ 이 책에 쏟아지는 찬사

■ 추천사

■ 들어가기에 앞서

1부 세일즈 채용 공식

2부 세일즈 교육 공식

3부 세일즈 관리 공식

4부 수요 창출 공식

5부 기술과 실험

■ 감사의 말

1부
세일즈 채용 공식

THE SALES ACCELERATION FORMULA

chapter 01

성공한 세일즈맨의
특징을 파헤쳐라

탁월한 채용이 세일즈 성공의 가장 큰 동력이다.

세일즈 팀을 만들 때 해야 할 일은 수없이 많다. 채용, 교육, 코칭, 세일
즈 파이프라인[1] 점검, 판매 예측, 계약 지원, 리더십 개발, 교차 기능 커뮤니
케이션 등의 복잡한 일들이 세일즈 팀의 일상적인 업무를 이루기 때문이다.
매일 곳곳에서는 빨리 꺼야만 하는 '불길'이 치솟는다. 하지만 안타깝게도

역주1 잠재고객 접촉부터 거래 완료까지 세일즈맨이 취하는 모든 단계. 이 세일즈 사이클이 짧
을수록 유리하므로 주기적인 관리가 필요하다

불길을 전부 끄기에는 물이 부족하다. 어느 불부터 끌 것인지 신중히 선택하는 것이 결국 성패를 가른다.

내가 매사추세츠 캠브리지에 있는 마케팅 소프트웨어 스타트업 기업인 허브스팟(HubSpot)에 합류했을 당시가 바로 그런 상황이었다. 나는 회사의 네 번째 직원이자 세일즈를 담당하는 유일한 직원으로 입사 첫 달에 23명의 신규고객을 유치했다. 우리 회사는 시장에서 충족되지 않는 니즈를 파악해 틈새시장에 뛰어들었다. 확실히 대단한 가능성이 보였고, 이제는 판매에 가속도를 붙여야 할 때였다. 한마디로 규모의 확장이 필요했다.

세일즈 팀 확장을 위해 필요한 온갖 업무는 나를 지치게 만들었다. 나는 확장 과정에 필요한 모든 요소를 최고로 실행하겠다는 목표를 세웠다. 하지만 스타트업 기업이 으레 그렇듯 자금과 자원은 한정되어 있었다. 세일즈 팀의 모든 구성요소를 최고로 준비하려면 나 혼자 일주일에 150시간은 일해야 했다. 하지만 내게는 최대 80시간 동안만 일할 에너지밖에 없었다. 적어도 일시적으로는 가장 쉽고 값싸고 빠른 방법을 택해야만 했다. 오직 한 분야에서 세계 최고가 되어야 한다면 무엇을 택해야 할까? 어느 불부터 먼저 꺼야 할까? 그렇게 하나를 선택했다. 세일즈 채용 프로그램만큼은 세계 최고로 만들기로 결심한 것이다.

지금도 인재 채용을 최우선 순위로 택하길 잘했다는 생각이 든다. 판매 교육과 관리, 코칭, 예측 분야에서 세계 최고를 추구하더라도 최고가 아닌 인재들로는 보완이 어렵다. 반대로 최고의 성과를 올리는 사람들로 이루어진 팀은 어떤 상황에서도 성공할 방법을 찾는다. 안타깝게도 기업 임원들은 인재 채용을 최우선시하지 않는 경우가 많다. 그들은 큰 계약을 성사 시키거나 회의에서 직원 사기를 올려주거나 성과가 부족한 세일즈맨들을 코칭하는 일에는 매일 엄청난 공을 들인다. 그런데 세일즈 인력의 채용과 면접은 주먹구구식으로 대충 해버린다. 최고의 성과자들로 이루어진 팀을 만드는 전략에 투자하지 않는 것이다. 물론 큰 계약을 한 건 더 성사시키면 분기 매출에 도움이 되고 전투 하나쯤은 이길 수 있다. 하지만 최고의 세일즈 인재를 채용하면 앞으로 오랫동안 큰 계약을 성사시키므로 전투가 아닌 전쟁에서 승리할 수 있는 것이다. 그렇다면 세계 최고의 세일즈 채용 프로그램은 어떤 것일까? 앞에 앉은 지원자가 A+ 인재라는 사실을 어떻게 알 수 있을까?

"탁월한 채용이 세일즈 성공의 가장 큰 동력이다."

나는 오랫동안 허브스팟의 세일즈 팀을 위해 수백 명의 세일즈맨을 채용했다. 타 기업의 채용 과정에 조언도 해주었다. 그 결과, 매우 골치 아픈 사실을 깨닫게 되었다. 이상적인 세일즈맨을 채용하는 공식은 기업들마다 다르다는 것이다. 내 경험상의 이야기다. 내가 초기에 채용한 인재들 중 일부는 바로 이전 직장에서 최고의 성과를 올린 사람들이었다. 점심과 저녁식사 자리 마련은 물론 파상공세를 펼치며 적극적으로 밀어붙였다. 우리 회사가 보스턴의 차세대 성공 기업이 될 수밖에 없는 이유를 납득시켰다. 일부는 우리 회사로 데려오는 데도 성공했다. 그들은 최고의 세일즈맨이었다!

당연히 우리 회사에서도 실력 발휘를 하지 않겠는가? 하지만 이전 직장에서처럼 최고의 성과를 올리지 못한 사람들도 있었다. 대체 어떻게 된 것일까? 최고의 인재를 데려왔는데 왜 실패했을까?

나는 세일즈맨들마다 강점이 다르다는 사실을 깨달았다. 컨설팅에 뛰어난 사람, 열심히 영업활동을 하는 사람, 프레젠테이션 능력이 탁월하고 인적 네트워크 구축에 뛰어난 사람, 고객에게 가족처럼 편안한 느낌을 주는 사람 등 다양했다. 기업들의 세일즈 상황도 달랐다. 마케팅 시장에서 세일즈하거나 IT 전문가들을 상대하는 기업도 있다. 판매 과정이 단지 사고파는 거래인 경우가 있는가 하면 그보다 복잡하고 대인관계에 좌우되는 경우도 있다. 세일즈맨이 갖춘 강점이 기업의 세일즈 상황과 일치한다면 그보다 더 좋을 수 없다. 그렇지 않으면 힘든 싸움이 펼쳐진다. 안타깝게도 내가 초기에 채용한 인재들 중 일부는 후자였다.

그중에는 적극적인 영업활동으로 하루 종일 전화기만 붙들고 있을 수 있는 사람들이 있었다. 판매 과정이 단순한 거래로 이루어진 곳에서 일하던 사람들이었다. 시장에 대한 고객의 이해가 확실하고 기업의 가치제안도 탄탄한 환경이었다. 적극적인 영업활동이 강점인 그들에게는 완벽한 세일즈 상황이었다. 하지만 안타깝게도 2007년 당시 허브스팟의 세일즈 상황은 그렇지 않았다. 창업 첫 해 우리의 전화영업은 다음과 같았다.

세일즈맨 샘 "안녕하세요, 피트. 허브스팟의 샘입니다. 저희 웹 사이트에 문의사항을 남기셨군요. 어떤 점이 궁금하시죠?"

잠재고객 피트 "제가 그랬나요? 기억이 안 나는데. 허브스팟이 무슨 회사죠?"

세일즈맨 샘 "저희는 인바운드 마케팅 소프트웨어 회사입니다."

잠재고객 피트 "인바운드 마케팅이 뭔가요?"

세일즈맨 샘 "인바운드 마케팅이란 방문객들을 웹 사이트로 끌어들여 그 들을 고객님 회사의 구매자로 만들어주는 마케팅입니다."

잠재고객 피트 "흠... 그게 어떤 원리로 가능하죠?"

아직 가치제안이 확실하지 않고 기업 브랜드가 탄탄하지 않을 때의 복음전도적인 세일즈 방식이었다. 안타깝게도 가치제안이 확실하고 이미 자리 잡은 회사 출신의 인재들은 이전 직장에서 아무리 최고 실적을 올렸더라도 우리 회사의 상황에는 맞지 않았다. 나는 최고 성과를 올리는 세일즈맨의 특징이 우리 회사에 고유하게 적용된다는 사실을 깨달았다. 우리 회사에 이상적인 세일즈맨의 유형이 무엇인지 알아낼 필요가 있었다. 이상적인 세일즈 인재 채용 공식을 만들어야만 했다. 이것은 다행히 모든 기업에 적용할 수 있는 공식이다. 이상적인 세일즈 인재 채용 공식은 기업들마다 다르지만 공식을 만드는 과정은 똑같다.

내가 활용한 과정은 다음과 같다.

1단계: 이상적인 세일즈 특징 이론을 설정한다

첫째, 세일즈의 성공과 관련 있다고 생각되는 특징들을 목록으로 만들었다. 각 특징에 대해 분명히 정의했다. '지성적'은 무슨 뜻인가? '적극적'은 무슨 뜻인가? 지원자마다 각 특징에 대해 1~10점으로 점수를 매길 생각이었다. 따라서 각 특징마다 '1점', '5점', '10점'이 무슨 뜻인지 정의할 필요가 있었다. 면접 점수카드(Interview Scorecard)를 만들어 모든 지원자의 면접 결과를 기록했다.

2단계: 각 특징의 평가전략을 정의한다

내가 원하는 특징을 정의한 후, 각 특징에 대해 지원자들을 평가할 계획이 필요했다. 어떤 행동 관련 질문을 해야 할까? 롤플레잉을 활용해야 할까? 지원자들에게 문제를 내야 할까? 평판 조회를 어떻게 활용해야 할까?

> "이상적인 세일즈 채용 공식은 기업들마다 다르지만
> 공식을 구축하는 과정은 똑같다."

3단계: 이상적인 세일즈 특징에 대한 지원자의 점수를 평가한다

허브스팟 창업 초기에는 면접 후, 면접 점수카드를 채우기만 했다. 비교적 간단한 과정이었다. 마이크로소프트 엑셀 프로그램을 사용했다(창업한 지 얼마 안 된 기업이므로 '아마추어' 티가 났다). 그 과정의 열쇠는 정교한 기술이 아닌 규율이었다. 그때그때 새롭게 깨달은 사실을 기록하면서 방법을 꾸준히 수정해나갔다.

「세일즈 성장 무한대의 공식」

4단계: 세일즈 인재 채용 공식을 만들면서 모델을 배우고 수정한다

수개월 후, 몇 명의 인력이 갖추어졌고 대부분 잘해주고 있었다. 하지만 발전이 더딘 경우도 있었다. 나는 3단계 과정에 충실함으로써 초기에 채용한 세일즈맨들을 통해 깨달음을 얻을 최적의 위치에 있었고 우리 회사의 이상적인 채용 공식 기준이 조금씩 이해되기 시작했다. 우리 회사의 세일즈 직원 채용 공식을 구축할 준비가 되었다. 최고의 성과를 올리는 직원들의 면접 점수카드를 보면서 다음 질문을 떠올렸다.

- 최고 성과자들의 공통적인 특징은 무엇인가? 이런 특징들은 허브스팟의 성공을 예측해주는 지표인가? 해당 특징들을 파악한 후, 중요성의 비중을 늘렸다.

- 중요하지 않은 것처럼 보이는 특징은 무엇인가? 성공 예측과 관련 없는 특징은 무엇인가? 그런 특징들은 중요성을 낮추거나 아예 없앨 필요가 있었다.

- 내가 놓치고 있는 것은 무엇인가? 최고 성과자들의 면접 점수카드만 참고하지 말고 그들이 어떤 사람인지 생각해볼 필요가 있었다. 그들로부터 발견되는 한결 같고 의미 있는 특징이 있는가? 그런 특징이 있다면 면접 점수카드에 항목을 추가해 다음부터 평가해야 했다.

발전이 더딘 세일즈맨의 경우에도 똑같은 과정을 반복했다. 또한 그들을 참고해 면접 점수카드를 고쳐나갔다. 점점 채용 공식의 형태가 갖춰져 가고 있었다. 보다시피 이 과정이 가치가 있으려면 수십, 수백 명의 직원을 고용할 필요는 없다. 2~3명만 돌아봐도 흥미로운 결과가 나온다. 즉, 정말 대박을 터뜨리고 싶다면 유능한 세일즈맨 2~3명만으로는 안 된다. 초창기에 채용 공식을 만드는 데 전력을 기울인다면 분명히 세일즈에 가속도가 붙어 엄청난 결실을 맺을 것이다.

세일즈 직원들을 대거 채용하기 시작하면서부터 일이 재미있어졌다. 내가 가장 즐거웠던 단계였다. 일 년 정도 지나자 정식으로 회귀 분석을 실시하고 이전 채용 성공 사례와 채용 특징을 연관시킬 수 있을 정도로 데이터가 축적되었다. 결과적으로 공식에서 주관적인 부분이 많이 제거될 수 있었다. 데이터는 당신의 친구이고 통계는 거짓말하지 않는다.

그림 1.1은 첫 번째 모델의 결과를 보여준다. 처음 이 결과를 보고 재미있는 사실을 발견했다. 적극성, 반대에 대처하는 능력 등 전통적으로 세일즈맨과 연관 있는 특징들이 성공과 최악의 연관성을 가졌다는 사실이다. 도대체 어찌 된 일인가? 인터넷의 보편화로 세일즈맨보다 구매자의 힘이 더 세졌다. 내가 만든 모델의 결과물은 그 현상을 통계적으로 대변했다. 힘의 이동으로 구매자들은 더 이상 강압적인 구매 권유에 반응할 필요가 없어졌다. 그들은 자신에게 도움이 되고, 똑똑하며, 니즈를 존중해주는 세일즈맨을 상대하면 된다.

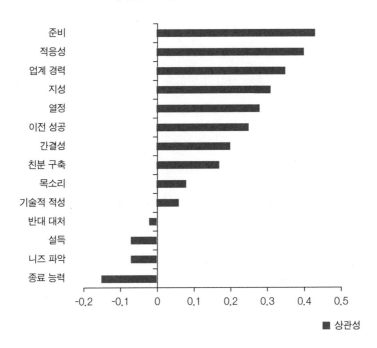

[유능한 세일즈맨의 특징]

■ 상관성

그림 1.1 세일즈맨의 특징과 허브스팟 세일즈 성공의 상관성(첫 번째 회귀
분석의 결과) 통계는 구매자의 힘이 세진 오늘날 환경에서는 적극
적이고 강압적인 세일즈맨보다 도움을 주는 지적인 세일즈맨이 성
공한다는 사실을 보여준다.

"통계는 구매자의 힘이 세진 오늘날 환경에서는
적극적이고 강압적인 세일즈맨보다
도움을 주는 지적인 세일즈맨이 성공한다는 사실을 보여준다."

우리 회사 상황에 맞는 이상적인 채용 공식을 만드는 과정이 순조롭게 진행되었다. 6~12개월마다 회귀 분석을 실시했다. 지속적인 분석을 통해 세일즈 팀이 커져가면서 축적되는 새로운 데이터를 설명할 수 있었다. 또한 제품의 진화에 따른 구매자 상황의 변화와 구매자 선호도의 변화, 경쟁판도 변화를 설명할 수도 있었다. 다음 장에서는 오랜 세월 반복 실행을 거쳐 탄생한 채용 공식에 대해 알아본다. 이상적인 채용 공식이 갖춰짐으로써 세일즈 팀이 확장되어도 안심할 수 있었고 미래의 관리자들을 위한 훌륭한 청사진도 마련되었다. 관리자들은 막막한 상태에서 시작하는 것이 아니라 곧바로 어떤 특징을 지닌 직원들을 뽑아야 하고 각 특징을 어떤 기준으로 평가해야 하는지 알 수 있었다.

◆ 요약

· 탁월한 채용이 세일즈 성공의 가장 큰 동력이다.

· 이상적인 세일즈 채용 공식은 기업들마다 다르지만 공식을 구축하는 과정은 똑같다.

· 통계는 구매자의 힘이 세진 오늘날 환경에서는 적극적이고 강압적인 세일즈맨보다 도움을 주는 지적인 세일즈맨이 성공한다는 사실을 보여준다.

chapter 02

유능한 세일즈맨의 5가지 특징과 면접에서 알아보는 방법

1장을 읽고 허브스팟에서 세일즈맨의 성공 여부를 예측하는 특징이 무엇인지 궁금했을 것이다. 그 답을 공개한다. 다음은 우리 회사에 가장 잘 맞는 세일즈맨의 5가지 특징이다.

1. 코칭 수용 역량(coachability)

2. 호기심(curiosity)

3. 성공 경력(prior success)

4. 지성(intelligence)

5. 노동윤리(work ethic)

그림 2.1은 각 특징의 연관성을 비중에 따라 조절한 면접 점수카드다.

[허브스팟 세일즈 부서 지원자 평가]

후보자 개요	
이름:	존 도(John Doe)
면접일:	2012년 1월 1일
면접관:	마크 로버지
주요 기준 점수:	71%
강점:	〈강점 입력〉
약점:	〈약점 입력〉
다음 단계 추천:	〈다음 단계 추천 입력〉

주요 기준	점수	가중치	가중치 점수	최대 점수
코칭 수용 역량	8	9	72	90
호기심	9	9	81	90
노동윤리	7	8	56	80
지성	6	8	48	80
성공 경력	4	7	28	70
열정	8	5	40	50
준비	8	3	24	30
변화 적응성	7	3	21	30
경쟁력	8	3	24	30
간결성	6	3	18	30
총점			**412**	**580**
				71%

그림 2.1 허브스팟 세일즈 부서 지원자 평가

이 시점에서 1장에서 배운 교훈을 상기시켜야 할 것 같다.

이상적인 세일즈 채용 공식은 기업들마다 다르지만 공식을 구축하는 과정은 똑같다.

앞에서 말한 결과는 분석 당시 허브스팟의 세일즈 맥락에 맞게 만들어진 채용 공식이다. 당신의 회사에는 적합하지 않을 수도 있다. 어쩌면 현재 허브스팟의 상태에서도 이상적이지 않을지 모른다. 하지만 그동안 특히 기술 분야의 수많은 신생기업들의 세일즈 부문의 채용을 도와준 경험에 따르면 이 5가지 특징은 당신의 기업에 맞는 채용 공식에서도 중요한 비중을 차지할 것이다. 그러므로 지원자들의 이 5가지 특징을 어떻게 평가했는지 설명하겠다.

코칭 수용 역량

코칭 수용 역량: 코칭을 받아들이고 적용하는 능력

코칭 수용 역량은 내가 채용을 결정할 때 가장 큰 영향을 미쳤다. 그동안 채용한 가장 유능한 인재들의 성격을 보면 가장 두드러진 것이 바로 코칭 수용 역량이었다. 그래서 이 특징을 평가하는 것이 면접에서 가장 큰 부분이었다. 다음은 코칭 수용 역량 평가에 사용된 3단계다.

1단계: 구매자의 상황을 본 딴 롤플레잉 문제를 준비한다

면접 시작 후, 화기애애한 분위기를 만들어줄 만한 질문을 한 후, 지원자
와 롤플레잉했다.

채용 담당자 "제스, 롤플레잉을 한 번 해보죠. 제가 이곳 보스턴의 보안 소
프트웨어 스타트업 기업의 부사장 역할을 맡겠습니다. 직원은
20명가량이고 마케팅 팀은 2명으로 규모가 작아요. 저는 마케
팅부 책임자인데 CRM(고객관계관리) 시스템에서 잠재고객으
로 떠올라 당신이 저를 담당하게 되었습니다. 당신은 잠재고객
관련 정보를 살피다가 내가 어젯밤 허브스팟 웹 사이트를 방
문해 인바운드 마케팅 전자책(e-book)을 다운로드받은 사실
을 발견한 거죠. 당신이 내게 전화를 거는 상황을 롤플레잉 해
봅시다. 더 자세한 이야기를 나눠보는 자리를 만드는 것이 전
화의 목표입니다. 질문 있나요? 질문 없으면 준비되는 대로 시
작합시다."

2단계: 지원자의 자가진단 능력을 평가한다

롤플레잉이 끝난 후, 지원자에게 자신을 평가해보라고 시켰다.

채용 담당자 "잘했습니다. 제스. 본인이 잘한 것 같나요?"

이 질문에 대한 답으로 지원자의 코칭 수용 역량에 대한 첫 인상이 생긴

다. 나는 지원자가 자신의 성과를 얼마나 분석적으로 바라볼 수 있는지 확인하고 싶었다. 만약 "잘한 것 같아요."라고 대답한다면 안 좋은 신호였다. 지원자가 자신의 성과를 되돌아보고 분석하는 모습을 보고 싶었다. 잘한 부분과 개선이 필요한 부분을 구체적으로 말해주길 바랐다.

지원자의 평가를 들은 후, 내가 말했다.

채용 담당자 "좋은 평가 잘 들었습니다. 제스. 저도 비슷하게 생각한 부분이 많은데요. SEO(검색엔진 최적화)에 대한 질문에 좀 더 잘 대답하지 못한 게 아쉽다고 했죠? 롤플레잉에서 그 부분으로 돌아간다면 어떻게 하겠어요?"

코칭 수용 역량이 뛰어난 지원자는 자신을 되돌아보고 진단을 내리며 약점을 개선할 방법을 제안할 수 있다. 그 다음에는 지원자에게 그런 능력을 보여줄 기회를 제공했다.

3단계: 코칭을 흡수하고 적용할 수 있는 능력을 평가한다

이 단계에서는 지원자가 피드백을 어떻게 흡수하고 적용하는지 알아보기 위해 주도적인 코칭을 시작했다. 흡수와 적용 이 2가지는 코칭 수용 역량의 필수적인 행동이다. 피드백을 흡수하는 것조차 힘들어하는 사람들이 있는데 제대로 경청하지 않거나 피드백의 중요성을 인지하지 못했기 때문일 수 있다. 그런가 하면 피드백 정보는 흡수하지만 응용력이나 스스로 사고하는 능력이 떨어져 적용하는 데 어려움을 겪는 사람들도 있다. 나는 코칭의 내용을 흡수하고 적용할 수 있는 사람을 뽑고 싶다.

채용 담당자 "제스, 나는 면접 때마다 긍정적인 피드백과 개선이 필요한 부분의 피드백을 하나씩 해줍니다."

2가지 모두 들어가야 한다. 개선이 필요한 부분만 언급하면 지원자는 면접을 망치고 있다고 생각해 긴장할 것이다. 그러면 그의 능력을 제대로 평가할 수 없게 된다. 한결 부드러워진 어조로 긍정적인 피드백을 먼저 제시한다. 칭찬을 들은 지원자는 마음이 편안해져 평소처럼 행동하게 된다.

채용 담당자 "처음에 친분 쌓는 부분이 참 좋았어요, 제스. 어릴 때 리글리 파크에 갔던 이야기를 꺼내 곧바로 딱딱한 분위기를 깨고 공감대를 만들었죠. 개선을 바라는 부분은 잠재고객의 목표를 이해하려는 깊이입니다. 우리 허브스팟이 목표 발견을 어떻게 파고드는지 알려드리죠."

그런 후, 지원자에게 코칭을 시작한다. 자리에서 일어나 화이트보드 앞에 서서 코칭하면서 지원자의 반응을 자세히 살핀다. 멍한 표정으로 보는지, 메모하고 있는지, 예리한 질문을 던지는지 말이다. 몇 분 후에는 도움이 됐는지 묻는다. 방금 코칭해준 내용을 적용해보라고 롤플레잉을 다시 요청

할 때도 있다. 대부분의 지원자들은 두 번째 롤플레잉을 망친다. 머리가 핑핑 돈다. 자칫하면 일자리가 날아간다. 앞에는 세일즈 부사장이 앉아 있고 방금 받은 피드백을 적용해야만 한다. 이런 상황에서 내가 바라는 것은 완벽함이 아닌 시도다. 내가 허브스팟 세일즈 책임자로 있으면서 6년 동안 면접관 신분으로 만난 지원자는 1천 명이 넘는다. 그 중 두 번째 롤플레잉을 제대로 해낸 사람은 불과 5명뿐이었다. 당연하겠지만 그들 모두 우리 회사에서 최고로 잘 나가는 인재가 되었다. 핵심은 무엇인가? 완벽함을 기대하지 말고 시도를 살펴보라는 것이다. 만약 완벽히 해내는 지원자가 있다면 그를 반드시 채용하라! 단 10분 만에 놀라운 발전을 보였으니 말이다. 하루, 일주일, 한 달 동안 얼마나 놀라운 발전을 보일까!

코칭 수용 역량: 코칭을 흡수하고 적용하는 능력

호기심

호기심: 효율적인 질문과 경청을 통해 잠재고객의 상황을 이해하는 능력

나는 MIT와 하버드 등 미국의 여러 명문대학에서 세일즈 강의를 했다. 나는 수업 시작 전, 학생들에게 "훌륭한 세일즈맨이 훌륭한 이유는 무엇일까요?"라고 질문하는 것을 좋아한다. 어느 학교든 가장 많이 돌아오는 대답은 '적극적', '설득적', '뛰어난 설명 능력', '돈 욕심' 등이다. 내가 원하는 답이 나온 경우는 한 번도 없는 것 같다. 훌륭한 세일즈맨은 천성적으로 호기심

이 많다. 그들은 훌륭한 질문을 던지고 열심히 듣고 관심사항의 핵심을 파고든다.

훌륭한 세일즈맨은 고객에게 질문처럼 느껴지지 않도록 질문한다. 따라서 잠재고객은 세일즈맨이 질문하는 것이 아니라 정말로 관심을 보이는 것처럼 느낀다. 훌륭한 세일즈맨이라면 당연히 잠재고객의 대답에 관심을 보일 것이다. 훌륭한 세일즈맨은 질문을 통해 잠재고객을 교육시킨다. 그의 질문은 잠재고객이 생각하도록 만든다. "그런 걸 물어본 사람은 지금까지 한 명도 없었는데. 지금 생각해보니…" 훌륭한 세일즈맨은 빠르게 신뢰를 쌓음으로써 개인적인 질문을 하고 솔직한 답을 얻을 수 있는 자격을 얻는다. 훌륭한 세일즈맨은 고객의 목표와 야망, 두려움, 도전 과제를 이해하려고 한다. 모두 전략적인 질문을 통해서다.

학생들은 다음과 같은 질문을 자주 한다. "마크, 세일즈 부문에서 최고의 성과를 올리려면 어떤 준비를 해야 하나요?" 나는 이런 조언을 해준다. 다음에 결혼식이나 학교 친목행사, 파티 등에 갔을 때 전혀 모르는 사람에게 다가가 질문해보라. 당신에 대한 이야기는 전혀 하지 않고 오직 질문만 얼마나 오랫동안 할 수 있는지 살펴보라. 상대방이 심문 당하는 기분을 느끼고 가버린다면 연습이 필요하다는 뜻이다. 하지만 상대방이 "와, 정말 똑똑하고 재미있는 사람이네."라고 생각한다면 당신은 훌륭한 세일즈맨이 될 가능성이 있다. 허브스팟이 지원자의 호기심을 어떻게 평가했느냐고? 면접 과정에 여러 영역이 있지만 특히 중요한 2가지를 강조하겠다.

첫 번째 호기심 테스트는 지원자를 로비에서 만나는 순간 이루어진다.

"안녕하세요, 제스. 마크 로버지입니다. 오늘 와주셔서 감사합니다." 지원자가 질문으로 대화를 시작하는가? 나의 하루가 어떤지 물어보는가? 나의 배경에 대해 미리 검색했고 그 결과에 대해 언급할 기회를 잡는가? 내 대답에 따라 똑똑하고 개방적인 후속질문을 통해 더 자세히 알아보려고 하는가? 만약 이 모든 것이 해당된다면 내게도(지원자에게도) 순조로운 출발이다.

두 번째 호기심 테스트는 롤플레잉 때 이루어진다. 코칭 수용 역량과 같은 롤플레잉을 활용해보자.

(따르릉… 따르릉…)

마케팅 매니저 "네, 마크입니다."

지원자 "안녕하세요, 마크. 허브스팟의 제스입니다. 혹시 불편하신 시간에 전화드린 건가요?"

마케팅 매니저 "1분가량 통화가 가능하겠군요."

지원자 "잘됐네요. 허브스팟에 대해 얼마나 아시는지 모르겠네요. 저희는 웹 사이트 방문자들을 잠재고객으로 만들어주는 올인원 마케팅 플랫폼입니다. 동종업계 X, Y 기업과도 일했고요. 10분만 내주시면 온라인 가시성을 평가해드릴 수 있는데 관심 있으신지 전화드렸습니다." 완전 실패다! 다시 해보자. 이번에는 호기심 많은 제스의 모습을 보여주겠다.

(따르릉… 따르릉…)

마케팅 매니저 "네, 마크입니다."

지원자	"안녕하세요, 마크. 허브스팟의 제스입니다. 혹시 불편하신 시간에 전화드린 건가요?"
마케팅 매니저	"1분가량 통화가 가능하겠군요."
지원자	"잘됐네요. 저희 웹 사이트에서 페이스북을 이용한 잠재고객 발굴에 대한 전자책을 다운로드하셨더군요. 페이스북 마케팅에 대해 구체적으로 어떤 점이 궁금하셨나요?" 바로 이거다!
마케팅 매니저	"아, 그냥 검색하고 있었습니다. 페이스북 마케팅으로 성공한 B2B 기업들의 사례를 찾고 있었거든요."
지원자	"잘됐군요. 해당 성공 사례를 공유해드리겠습니다. 페이스북 광고를 하신 적 있나요?" 바로 이거다!
마케팅 매니저	"있습니다."
지원자	"어땠나요?" 바로 이거다!
마케팅 매니저	"그럭저럭."
지원자	"그럭저럭요? 무슨 뜻이죠?" 바로 이거다!
마케팅 매니저	"페이스북 광고로 새로운 이메일 주소를 많이 확보했는데 그들이 우리가 제공하는 서비스에 맞는 고객층인지 잘 모르겠어요."
지원자	"재미있네요. 그럼 어떤 고객층이 적합한가요? 페이스북 광고로는 어떤 유형의 사람들을 유도했나요?" 바로 이거다!

지원자가 훌륭한 질문으로 대화를 주도하는가? 아니면 상대방의 니즈를 살피지 않고 홍보에만 열을 올리는가? 지원자가 잠재고객의 구체적인 관심 영역에 대해 질문하는가? 아니면 속사포처럼 쏟아내는 홍보로 잠재고객을 지루하게 만드는가?

호기심: 효율적인 질문과 경청을 통해 잠재고객의 맥락을 이해하는 능력

성공 경력

성공 경력: 최고의 성과나 뛰어난 성취를 이룬 경력

성공 경력은 평가하기 가장 쉬운 특징일 것이다. 어느 정도 규모 있는 세일즈 부서에서 일했던 지원자라면 더더욱 그렇다. 가장 중요한 '5가지' 특징 중 가장 객관적으로 평가할 수 있는 방법이다.

채용 담당자   "이전 직장에서 거래처를 담당하셨네요. 거래처 담당직원이 몇 명이나 있었나요?"

지원자   "125명요."

채용 담당자   "그 중 몇 등이셨죠?"

지원자   "6등요."

채용 담당자   "와! 대단하시군요. 어떤 기준으로 매겨진 순위죠? 예약? 성과?"

지원자	"예약입니다."
채용 담당자	"지난 분기 기준인가요 아니면 작년 한 해 기준인가요?"
지원자	"작년 한 해 기준입니다."
채용 담당자	"훌륭하군요. 추천인이 사실을 확인해줄 수 있나요?"
지원자	"물론입니다."

나는 상위 10%를 찾고 있다. 만약 그 범위를 벗어나는 지원자라면 다른 특징에서 매우 높은 점수를 얻어야만 허브스팟에 합격할 수 있다. 지원자가 몸담았던 직장의 세일즈 부서가 크지 않거나 세일즈 출신이 아닌 경우라면 성공 경력의 평가가 힘들어진다. 그런 경우, 다른 활동 부문에서 성공을 평가한다. 학교성적은 어땠는가? 시험점수는? 학교 운동부에서 뛰어난 기량을 보였는가? 운동부 주장이었는가? 큰 대회에 출전해본 경험이 있는가? 학생회 활동을 했거나 특별활동부의 대표를 맡은 적이 있는가? 만약 세일즈 부문 출신이 아니라면 현재나 이전 직책에서 동료들과 어떤 점이 차별화되는가? 어떤 점에서 특별한가?

허브스팟의 세일즈 팀에는 올림픽 금메달리스트가 있었다. 포틀랜드 교향악단 출신의 첼로리스트와 코미디 센트럴 방송에 출연한 코미디언 출신도 있었다. 모두 열정을 추구해 높은 성과를 올린 사람들이었다. 세일즈 업무에서도 똑같은 열정과 경쟁력을 발휘할 가능성이 높았다.

성공 경력: 최고의 성과나 뛰어난 성취를 이룬 경력

「세일즈 성장 무한대의 공식」

지성

지성: 복잡한 개념을 빨리 배우고 이해하기 쉽게 전달하는 능력

모든 세일즈 팀에 뛰어난 지성을 갖춘 세일즈맨이 필요한 것은 아니다. 예를 들어, 일반상품을 구매하는 고객을 상대한다면 지성보다 노동윤리가 성공의 강력한 지표로 작용할 것이다. 하지만 우리 업계는 급속한 변화를 겪고 있었으므로 지성이 중요했다. 허브스팟이 처음 만들어졌을 때만 해도 트위터(Twiter)는 매우 초라한 회사였지만 불과 7년 만에 250억 달러 매출의 거대기업이 되었다. 2000년대 후반 이 분야 산업이 얼마나 빠른 속도로 변화하고 있었는지 감이 잡힐 것이다. 우리 세일즈맨들도 변화하는 산업 속도에 뒤처지면 안 되었다. 새로운 개념을 이해하고 타깃 고객층에 그 개념이 어떻게 최적의 마케팅 전략에 영향을 미치는지 설명할 수 있어야 했다. 대부분의 신생기업들은 급속도로 변화하는 산업에 몸담고 있으므로 구매자 입장에서도 지성이 성공지표가 된다.

나는 면접 과정에서 허브스팟의 세일즈 훈련을 시작함으로써 지성을 시험했다. 면접 초반 새로운 정보를 노출시킨 후, 지원자가 후반에 그것을 흡수하고 전달하는 모습을 살펴보았다. 예를 들어, 첫 번째 전화 면접이 끝나고 인바운드 마케팅과 SEO, 블로깅, 소셜미디어의 개념에 대한 교육자료를 보냈다. 다음 면접 때까지 자료를 공부해오라고 했다. 그리고 롤플레잉 때 교육자료의 내용을 언급했다. 다음은 지성과 정보 기억에 대한 시험 사례다.

마크　　　"제스, 웹 사이트를 보니 SEO 서비스를 제공하더군요. 구글 검색 결과, 상위에 뜨는 방법이 궁금했거든요. 어떻게 하면 되는지 설명해줄 수 있나요?"

이 질문에 대한 대답은 지원자의 지성을 확인할 수 있는 첫 번째 인상을 줄 것이다. 앞에서도 말했지만 내가 알려고 하는 것은 2가지다. 첫째, 내가 노출시킨 개념을 얼마나 이해했는가? 둘째, 그 개념을 얼마나 간단히 전달할 수 있는가? 나는 계속 추가 질문을 던져 결국 지원자들을 당황하게 된다. 내가 주제에 대해 깊이 파고드는 질문을 할수록 지원자가 잘하고 있다는 뜻이다.

지성: 복잡한 개념을 빨리 배우고 이해하기 쉽게 전달하는 능력

노동윤리

노동윤리: 일상 활동에서도 열정적으로 임무를 실행하는 것

노동윤리는 아마도 평가하기 가장 어려운 특징일 것이다. 다음은 내가 지원자의 노동윤리를 평가하기 위해 사용한 3가지 기법이다.

1. 면접 관찰: 면접하는 동안 지원자의 행동방식을 관찰하는 것만으로도 많은 것을 알 수 있다. 특히 노동윤리를 평가할 때 그렇다. 지원자

가 전화에 얼마나 빨리 답했는가? 필요서류(이력서, 평가, 면접 피드백 등)를 얼마나 빨리 제출했는가? 면접 과정에서 속도를 몰아붙였는가 아니면 쫓기는 기색이 있었는가? 이런 것들이 지원자의 노동윤리를 엿보게 해준다.

2. 평판 조회: 이전 직장 상사나 동료들로부터 지원자의 노동윤리를 평가할 수 있다. "일을 열심히 했나요?"라고 물어보지 말고 이렇게 질문하라. "코칭 수용 역량, 호기심, 지성, 노동윤리 중 가장 강점과 약점을 순서대로 매겨주시겠습니까? 그렇게 순위 매긴 이유는 무엇입니까?"

3. 행동 질문: 나는 책임에 대한 열정을 알아보기 위해 행동 질문을 자주 활용했다. 예를 들어, "직장에서의 일상적인 하루나 일주일에 대해 말해주세요. 꼭 해야 하는 일은 무엇입니까?" 같은 질문이다.

노동윤리: 일상 활동을 통해 열정적으로 회사의 임무를 추구하는 것

◆ 요약

구매자의 입장에 따라 다른 채용 공식이 필요하다. 허브스팟의 구매자 입장에서는 성공과 연관성이 가장 큰 5가지 기준이 있었다. 이 기준은 특히 급속히 변화하는 시장에 몸담은 기업들의 이상적인 채용 공식이 될 수 있다.

1. 코칭 수용 역량: 코칭을 받아들이고 적용하는 능력

2. 호기심: 효율적인 질문과 경청을 통해 잠재고객의 상황을 이해하는 능력

3. 성공 경력: 최고의 성과나 뛰어난 성취를 이룬 경력

4. 지성: 복잡한 개념을 빨리 배우고 이해하기 쉽게 전달하는 능력

5. 노동윤리: 일상 활동에서도 열정적으로 회사의 임무를 추구하는 것

chapter 03

최고의 성과를 올리는
세일즈맨을 찾아라

세일즈 팀의 지원자를 평가하는 가장 효율적인 방법이 어느 정도 감이 잡혔기를 바란다. 탁월한 세일즈 팀을 구축하는 과정에서 지원자 평가가 가장 힘든 부분이라고 말하고 싶지만 안타깝게도 그렇지 않다. 채용 과정에서 가장 힘든 부분은 유능한 인재를 찾는 것이다. 엄청난 시간과 노력이 필요하지만 훌륭한 지원자들을 찾는 일은 매우 중요하다.

지난 2007년 9월의 일이다. 당시 허브스팟은 세일즈 팀을 확장시켜야 할 때였다. 내가 무엇을 했냐고? 모든 구직 게시판을 샅샅이 찾아내 구인광고를 올렸다. 정말 다양한 지원자들로부터 연락이 왔다. 전화 면접은 50명, 대면 면접은 수십 명을 치른 것 같다. 그런데 단 한 명도 채용하지 못했다. 단한 명도! 그때 채용에 대한 중대한 사실을 깨달았다. 유능한 세일즈맨은 절대로 지원하지 않는다는 사실이었다. 유능한 세일즈맨은 이력서를 쓸 필요가 없다. 정말 유능한 세일즈맨은 항상 여러 곳으로부터 이직 제안을 받는다. 이직을 고려하지 않을 때도 말이다. 이전 직장 상사가 분기 때마다 러브콜을 보낼 수도 있다. "야구경기 보러 가지 않을 텐가?" "새 직장은 어때요?" "돈벌이는 좀 되나요?" "보상정책이 좀 바뀌었나요?" "우리 회사는 정말 잘 나가고 있어요." "당신이라면 언제든 환영입니다." 등등.

"유능한 세일즈맨은 절대로 직장을 구하지 않는다.
유능한 인재를 찾으려면 간접적인 모집 전략이 필요하다."

내가 지금까지 채용한 수백 명을 되돌아보면 구직광고를 보고 지원서를 넣거나 적극적으로 직장을 찾던 사람은 단 한 명도 없었다. 유능한 세일즈맨은 구직에 소극적이다. 즉, 제 발로 나서서 직장을 옮기려고 하지 않는다. 따라서 그들에 맞춰 간접적인 모집 전략을 마련해야 한다.

회사 내부에 채용 대행업체를 마련하라

간접적인 모집 전략 전환은 어떻게 가능할까? 채용 대행업체를 이용하면 될까? 나도 처음에는 그랬다. 첫 해에만 10군데가 넘는 채용 대행업체를 이용했다. 그나마 괜찮은 업체도 있었지만 전반적으로 그저 그랬다. 채용 대행업체는 채용이 이루어지면 기본급의 15~20%를 수수료로 가져갔다(성공수수료). 모든 채용 대행업체가 지원자들이 여러 곳으로부터 연락받지 않도록 자신과만 거래하길 원했다. 나는 그 요청을 무시하고 항상 2~3군데를 이용했다. 한 업체가 소개해준 여러 지원자가 초기 단계를 통과하지 못하면 거래를 끊고 다른 곳을 알아보았다. 비슷한 경쟁자가 많은 업계에서는 상품이나 서비스가 만족스럽지 않으면 재빨리 다른 곳으로 옮겨가는 것이 중요하다.

외부와 단절된 상태라면 대행업체의 만족스럽지 않은 결과물을 참을 수 있었지만 성공의 가장 중요한 원동력을 외부자원에 의존한다는 사실이 신경쓰였다. 만약 회사가 세일즈맨 채용 속도를 3배로 늘리라면 어떡할 건가? 외부 대행업체 이용으로는 감당할 수 없었을 것이다. 그러던 중 인재 모집에 대한 최고의 조언을 얻게 되었다.

채용 대행업체를 이용하지 말라. 사내에 채용 팀이 아닌 채용 대행업체를 마련하라.

이것이 현명한 조언인 이유가 있다. 외부 대행업체의 헤드헌터들은 정말 열심히 일한다. 직장을 구하고 있지 않은 소극적인 지원자들을 찾는다. 업체들은 헤드헌터들에게 후한 대우를 해준다. 대부분 성과급을 지급한다. 하지만 헤드헌터는 당신만 위해 일하는 것이 아니다. 헤드헌터가 탁월한 인재를 찾았을 때 당신의 회사에 가장 먼저 연락할까? 그렇지 않을 것이다. 그가 돈을 좋아하는 평범한 인간이라면 가장 많은 수수료를 주는 기업을 최우선 순위로 고려할 것이다.

반면, 기업 내부의 채용담당자들은 대행업체의 헤드헌터들과는 사뭇 다르다. 그들은 삶의 질을 중시해 칼퇴근하고 인재를 적극적으로 모집하려고 애쓰지도 않는다. 일반적으로 대행업체의 헤드헌터들보다 돈도 적게 번다. 성과급이 아닌 기본급을 받는다. 일반적으로 기업 내부의 채용담당자들은 채용공고를 게재하고 매니저들에게 이력서를 돌리고 채용 과정에서 지원자들을 안내하는 일은 잘한다. '지저분한' 일은 외부 대행업체에 맡기는 경우가 많다.

내가 받아 실천한 조언은 허브스팟 내부에 채용 대행업체를 구축해 양쪽의 장점을 모두 활용하라는 것이었다. 독립을 생각하던 유능한 헤드헌터에게 "우리 허브스팟 안에서 시작하면 어때요?"라고 제안했다. 일반적인 대행업체의 헤드헌터와 똑같은 대우를 해주었다. 고정 연봉이 아니어서 기본 연봉은 비교적 낮지만 성과급 보너스가 후해 전체적으로 받는 금액은 더 컸다. 그들의 성과 보너스는 유효 노출비, 타이밍, 채용에 성공한 직원의 장기적 성공을 토대로 책정되었다.

"채용 대행업체를 이용하지 말라.
사내에 채용 팀이 아닌 채용 대행업체를 마련하라."

허브스팟의 내부에 자리 잡은 채용 대행업체는 외부 대행업체와 똑같

「세일즈 성장 무한대의 공식」

이 운영되었다. 지원자들을 대부분 소극적으로 모집했고 콜드 콜과 네트워킹도 많이 했다. 외부 대행업체 이용은 금지되었다. 그들은 세일즈 팀과 비슷한 방법으로 성과를 평가했다. 이번 주 몇 명과 접촉했는가? 연결로 이어진 것은 몇 건인가? 연결에서 전화 면접으로 이어진 것은 몇 건인가? 전화 면접에서 허브스팟 채용 매니저와의 대면 면접으로 이어진 것은 몇 건인가? 면접으로 채용이 성사된 것은 몇 건인가? 이렇게 내부 평가지표와 신속한 실행력을 갖춘 유능한 인재 모집 프로세스가 마련되었다.

링크드인에서 최고의 인재를 찾아라

회사가 어느 단계에 머물러 있는가에 따라 당장 채용 팀이나 사내 채용 대행업체를 마련할 여건이 되지 않을 수도 있다. 나도 그랬다. 세일즈 부서 인원이 10명으로 늘고서야 비로소 헤드헌터를 고용할 수 있었다. 한마디로 초기에 지원자를 모집하는 일은 순전히 내게 달려 있었다. 어떤 방법이 효과적이었을까? 유능한 지원자를 모집하는 가장 좋은 방법은 무엇인가? 링크드인(Linked-in)은 소극적인 인재를 모집하는 데 매우 효과적인 수단이었다. 나는 4가지 단계를 이용해 유능한 인재들을 모집했다. 이 책을 쓰는 시점을 기준으로 모든 단계는 링크드인 무료 버전으로 실행가능하다.

1단계: 링크드인의 검색 능력을 활용해 유능한 인재를 모집한다

링크드인의 상세 검색 기능을 활용해 유능한 인재를 모을 수 있었다. 검색 결과에 사용한 필터는 다음과 같다.

- 우편번호: 당연한 말이다. 내 경우, 보스턴 지역에서만 채용이 이루어졌으므로 지원자의 모든 검색에서 지리적 위치가 중요했다.

- 직함: 대부분 세일즈에 이미 몸담은 사람들을 찾았다. '직책'란에 '세일즈'나 '고객관리 임원' 등을 입력하면 같은 분야에서 일하는 사람들만 걸러준다.

- 학교: 앞에서 말했듯이 허브스팟에서는 지성이 강력한 성공지표였다. 대학 이름을 입력하고 검색하면 지성 항목에서 높은 점수를 받을 수 있는 사람들로 좁혀졌다.

- 회사명: 해당 지역에서 탄탄한 교육 프로그램과 함께 대규모 세일즈 부서를 갖춘 기업이 어디인지 알아야 한다.

가장 효율적인 검색은 나와 인연이 있는 세일즈 부문 책임자의 전(前) 직원들을 찾아보는 것이었다. 나는 오랫동안 보스턴 지역 기업들의 수많은 세일즈 책임자들을 도와주거나 그들과 인맥을 쌓아온 상태였다. 그들 중 대부분이 내게 '빚'을 지고 있다고 할 수 있었다. 세일즈 책임자인 지인 중 한

명을 골라 링크드인에서 검색 후, 그의 회사 이직자들을 찾았다. 15분 만에 꽤 긴 목록이 만들어졌다. 그런 후, 지인에게 목록을 이메일로 보내면서 추천해줄 만한 사람이 있는지 물었다. 95%는 기꺼이 추천해주었다. 게다가 내가 찾는 유형의 인재와 비슷한 사람들을 추가로 추천해주기도 했다.

2단계: 후보자의 링크드인 프로필을 살펴라

프로필만 봐도 후보자에 대해 많은 것을 알 수 있었다. 간단히 살펴만 봐도 가장 유능한 사람을 고르는 데 집중할 수 있었다. 후보자의 프로필 중 가장 주목했던 요소는 다음과 같다.

- **탁월한 세일즈 능력 지표.** 여기에는 팀 내 순위, 지속적인 성과, 사장 주최 모임 참석 여부 등이 포함된다.

- **현재 또는 이전 직장에서의 근무 기간.** 성과 높은 세일즈 부서를 갖춘 기업에서 일하는 후보자인 경우, 특히 중요하다. 성과가 아무리 낮은 사람도 회사에서 1년 동안은 버틸 수 있다. 평범한 세일즈맨이라면 2년 정도는 버틸 것이다. 하지만 성과 높은 팀에서 3~5년 또는 그 이상 근무한 사람들은 소중한 인재일 가능성이 높다.

- **후보자와 우리 회사의 구매자 입장이 일치할 것.** 현재 대기업이나 중소기업을 대상으로 세일즈하고 있는가? 일반상품이나 복합적인 상품

을 파는가? 세일즈 과정이 인간관계중심인가 거래중심인가? 이런 요소는 후보자의 학습곡선 평가에 도움이 된다. 구매자 입장이 서로 일치하지 않으면 우리 회사에서 제대로 능력 발휘를 못할 가능성이 높다.

● **출신학교와 전공.** 앞에서 말했듯이 '지성'과 '성공 경력'은 내가 생각하는 중요한 지표였다. 어느 대학을 나왔고 얼마나 까다로운 전공을 했으며 성적은 어땠는지는 모두 이 특징들과 연관 있었다. 솔직히 나는 일류대학보다 보통 수준의 대학 출신들이 최고의 후보자라고 생각한다. 전 세계 명문대 출신 직원 중에는 허브스팟에서 최고가 된 사람들도 있었다. 하지만 대부분은 세일즈 조직 안에서 지루함을 느끼고 회사가 감당할 수 있는 수준 이상으로 빨리 경력을 쌓고 싶어한다.

● **링크드인 프로필의 질**(quality). 솔직히 이 요소가 선별 과정에 미친 영향은 제한적이었다. 하지만 사진도 없는 빈약한 프로필은 위험 신호가 되었다. 소셜미디어 상의 판매가 점점 중요해지는 시기에 소셜미디어에서의 존재감이 약하다는 것은 이해되지 않는 일이다. 반면, 잘 나온 프로필 사진에 친구도 500명이 넘고 간부들의 추천이 쏟아지는 사람의 프로필은 매우 긍정적인 인상을 주었다. 물론 프로필에 현혹되진 않았지만 프로필 모습이 첫 인상에 큰 영향을 미쳤다.

3단계: 미리 선별한 후보자에게 개입하라

마음에 드는 프로필을 발견한 후, 좋은 친구나 동료를 통한 인맥이 매우 유리하다는 사실을 깨달았다. 나는 항상 점찍은 후보자와 내가 공통으로 아는 사람에게 소개를 부탁했다. 이렇게 하면 거의 대부분 후보자와 연락이 닿을 수 있었다. 이처럼 지인을 통한 소개는 매우 훌륭한 자원이 되지만 항상 가능한 일은 아니다. 공통적인 인맥이 없다면 후보자의 메일 주소를 알아내 직접 이메일을 보낸다. 링크드인의 메일 보내기 기능을 이용하진 않았다. 후보자의 이메일로 보내야 읽을 가능성이 크기 때문이다. 이메일의 내용은 다음과 같았다.

다음 이메일의 수신인은 야후에서 일하는 세일즈맨이고 최근 보스턴대학을 졸업했다.

제목: 야후! / 보스턴대학

내용: 존, 졸업과 입사 모두 축하드립니다! 저는 허브스팟 세일즈 부서 책임자입니다. 현재 우리는 잠재고객 처리가 버거워 세일즈 부서를 확장하려고 합니다. 당신의 경력을 보니 현재 우리 세일즈 팀에서 최고의 성과를 올리는 사람들과 비슷하더군요. 당신의 인맥 중 당신과 배경이 비슷하고 직장을 구하는 사람이 있나요?

마크 로버지
글로벌 세일즈 수석부사장
휴대폰: 123-456-7890

이 이메일이 효과적이라고 생각하는 데는 몇 가지 이유가 있다.

첫째, 내용이 제목에 포함되어 있다. 제목의 목적은 수신인이 이메일을 열어보도록 만드는 것이다. 이 경우, 제목은 간단하다. [현 직장 / 대학 명] 이런 제목이라면 열어보지 않겠는가?

둘째, 내용이 적당히 간단하다. 소개 시점에서는 잠재적 후보자들에게 우리 상품과 문화, 팀이 얼마나 대단한지 밝혀 부담을 줄 필요가 없다. 최대한 간단히 작성하되 분명히 구직활동을 하고 있지 않을 그들에게 인생을 바꿀 중대한 기회를 놓치고 있는 것은 아닌지 의아하게 만드는 것이다. 나는 당연히 그들이 좋은 기회를 놓치고 있다고 생각한다.

셋째, '부탁'은 죄책감을 유발하지 않는다. 끝장을 보겠다는 식으로 접근하는 것이 아니라 단지 추천을 부탁할 뿐이다. 물론 상대방을 우리 회사에 채용하고 싶은 마음은 있지만 대놓고 부탁하진 않는다. 이렇게 '명백한 요청'을 피하는 방식은 훨씬 덜 대립적으로 받아들여질 수 있다. 이메일 수신인은 답장을 보내거나 도움을 주는 것에 대해 '비열'하다고 느끼지 않는다. 게다가 순수한 시도다. 내가 존에게 관심은 있지만 그와 비슷한 성공을 거두었고 직장을 구하는 그의 지인들에게도 관심이 있기 때문이다.

> "링크드인 검색과 강제 추천은
> 유능한 소극적인 인재를 찾는 좋은 방법이다."

이메일에 답장이 오지 않는다면 다음 날 전화를 건다. 세일즈 인재를 직접 소싱하는 방법이 좋은 이유는 2가지다. 세일즈 인재들은 엔지니어들과 달리 모두 핸드폰이 있으며 보통 외부에서 걸려오는 전화를 모두 받으므로 연락이 그리 힘들지 않다.

팀원들을 통해 최고의 지원자 찾기: '강제 추천'

'강제 추천'은 링크드인 후보자들을 소싱하는 맥락 안에서 사용하는 구체적인 전술로 채용담당자가 팀원들의 인맥을 활용할 수 있다. 초창기 우리가 인재를 찾는 데 활용한 가장 효과적인 방법이었다. 세일즈 팀 직원이 1~2명뿐이고 급속도로 성장이 이루어지고 있지 않은 경우, 활용하기 힘들다. 하지만 일단 세일즈 팀의 확장이 시작되면 대단히 잘 먹힌다.

강제 추천의 원리는 이렇다. 당시 내가 채용한 직원들을 포함해 세일즈 팀의 모든 구성원과 링크드인을 통해 인연이 닿았다. 1~2개월 후, 그들이 새 직장에 익숙해질 무렵 추천을 부탁한다. 여기까지는 별로 특별한 것이 없지만 바로 이 전술 덕분에 매우 효과적이었다. "추천을 통해 채용된 경우, 추천해준 사람에게 2,500달러를 줄 거야. 아는 사람 있어?"가 아니라 이렇게 말한다. "내일 20분 동안 미팅 좀 하지. 오늘 밤 내가 자네의 링크드인 인맥 250명을 살펴볼 거야. 보스턴에서 세일즈 분야에 몸담은 사람 중 우리 팀에 잘 맞을 것 같은 사람이 있는지 한 번 알아볼게." 그리고 다음 날 기준에 부합하는 18명을 찾아 미팅에 참여했다. 그러면 팀원들이 그중 누가 성과가 높고 부담 없이 소개해줄 수 있는지 알려준다. 사전작업이 좀 필요하지만 매우 효과적이다.

해당 지역의 세일즈 인재 풀을 이해하라

탁월한 세일즈맨들을 찾기 위해 내가 활용한 마지막 전술은 우리 회사가 초기 팀원들을 채용한 보스턴 지역의 세일즈 팀들을 깊이 이해하는 것이었다. 팀 규모가 얼마나 큰가? 팀원들은 돈을 얼마나 버는가? 조직 내부에 있는가, 외부에 있는가? 세일즈 교육은 어떤 방식인가? 최근 보상 계획에 변화가 있었는가? 링크드인에서 후보자들을 찾아보면서 보스턴에 내부 세일즈 팀을 갖춘 모든 기업이 들어간 목록을 작성했다. 머지않아 각 팀에서 적어도 1명과 면접하게 되었는데 실제로 의도적인 접근에 의한 것이었다. 배경이 특별하지 않은 사람이더라도 해당 회사의 세일즈 팀에 대해 알아보려고 면접을 실시하는 경우가 많았다.

다음은 면접에서 내가 던졌던 질문들이다.

1. 세일즈 직원들의 연봉은 얼마인가? 보상 계획은 어떤 식으로 갖춰져 있는가?

2. 구매자 맥락은 어떠한가? 거래적인가, 복합적인가? 대기업 상대인가 중소기업 상대인가? 잠재고객 유도 방식이 주로 인바운드인가, 아웃바운드인가?

3. 영업사원이 몇 명이나 있는가? 세일즈 관련 직책은 무엇인가? 세일즈 팀 구조는 어떠한가?

4. 회사의 세일즈 교육은 어떤 식으로 이루어지는가? 형식적인 세일즈 방식을 이용하는가? 외부교육에 투자하거나 담당직원이 있는가?

5. 회사에 최고 성과자들이 이직을 고려하게 만드는 중대한 변화가 있었는가? 보상 계획이 바뀌었는가? 리더가 바뀌었는가?

6. 회사의 최고 세일즈 인재는 누구인가? 예를 들어, 상대방이 최고의 세일즈맨인지 물어볼 수도 있다. 대부분은 아니라고 답하면서 업계를 탓할 것이다. 그러면 최고의 세일즈맨이 있는 업계가 어디인지 물어보고 그와 연락할 방법을 찾아본다. 나는 이 방법은 한 번도 활용하지 않았지만 다른 회사의 지인들이 성공적으로 활용하는 것을 지켜보았다. 각자 책임 하에 한 번 활용해보기 바란다. 최고 인재를 찾기 위한 소중한 정보를 얻는 방법을 창의적으로 생각해보는 것이 관건이다. 최고의 채용 방식은 세일즈의 성공을 이끄는 가장 큰 동력이다.

탁월한 인재를 찾는 것이 채용 과정에서 가장 힘든 부분이다.

◆ 요약

· 유능한 인재는 직장을 구할 필요가 없다. 유능한 인재를 찾으려면 간접적인 채용 전략이 필요하다.

· 채용 대행업체를 이용하지 말라. 사내에 채용담당 팀을 만들지도 말라. 사내에 채용 대행업체를 만들라.

· 링크드인 검색과 강제 추천은 유능한 소극적인 인재를 찾는 좋은 방법이다.

「세일즈 성장 무한대의 공식」

chapter 04

이상적인 첫 번째
세일즈 인재 채용

지금까지 초기 세일즈 팀의 인재를 찾아 선별하고 채용하는 방법에 대해 살펴보았다. 하지만 정작 중요한 질문은 다루지 않았다. 첫 번째로 세일즈 인재는 누가 고용해야 하는가? 일주일에 적어도 한 번은 스타트업 기업의 CEO들로부터 받는 질문이다. 아니 그동안 워낙 자주 들은 질문이어서 비공식적 사례를 고안해 하버드 경영대학원과 MIT를 비롯한 유명 대학에서 가르치고 있다. 가상 사례를 떠올려보자. 당신은 처음으로 세일즈 팀의 인재를 고용해야 한다. 다음 4명의 최종 후보자가 남았다.

1번 후보자: 세일즈 수석 부사장

이 후보자는 당신이 라이벌로 생각하는 포춘 1,000대 기업 글로벌 세일즈 부문의 수석 부사장 출신이다. 500명으로 이루어진 세일즈 팀과 연 20억 달러 매출을 관리했다.

2번 후보자: 최고 성과를 올리는 세일즈 인재

이 후보자는 세일즈 수석부사장 밑에서 일했다. 현재는 당신이 라이벌로 생각하는 포춘 1,000대 기업의 500인 규모 세일즈 팀에서 가장 높은 성과를 올리고 있다. 3년 동안 고객응대 업무를 했다.

3번 후보자: 창업 기업가

최근까지 2년차 스타트업 기업의 CEO였지만 자금난으로 접어야 했다. 창업 시작 전에는 대기업 세일즈 부서에서 일했다. 직원들에게 기본기를 확실히 가르치기로 유명한 기업이다. 하지만 당신의 기업에 해당하는 구매자 맥락에는 경험이 없다.

4번 후보자: 세일즈 매니저

대기업의 대규모 세일즈 부서에서 일한다. 6개월 전 세일즈 매니저로 승진했다. 최고의 영업사원으로서 직접 팀을 꾸리고 이끌고나갈 리더십 자질을 보여 승진할 수 있었다. 하지만 당신의 기업에 해당하는 구매자 맥락에는 경험이 별로 없다.

어떡해야 할까? 누구를 채용해야 할까? 물론 후보자들마다 장·단점이 있다. 내가 가장 선호하지 않는 후보자부터 가장 선호하는 후보자 순으로 정리해보았다.

먼저 가장 선호하지 않는 후보자는 세일즈 수석부사장(1번 후보자)이다. 하지만 스타트업 기업의 창업자들은 첫 세일즈 분야의 인재로 세일즈 수석부사장 같은 인재를 찾으려고만 하는 경향이 있다.

다음은 세일즈 수석부사장의 장점이다.

- **엄청난 인맥.** 세일즈 수석부사장은 당신이 유도하려는 기업고객들의 임원들과 인맥을 쌓고 있을 가능성이 크다. 그 연줄은 엄청난 이점이 된다. 실제로 목표구매자가 소수이고 유효시장 크기가 작다면(예를 들어, 전국 10대 통신업체들) 세일즈 수석부사장을 초기 세일즈 인재로 고용하고 싶은 마음이 들 것이다. 하지만 요즘 대부분의 세일즈 채용 맥락에서 업계 연줄은 과대평가되어 있다. 요즘도 골프장이나 야구경기장에서 거래가 많이 성사되는가? 그렇지 않다. 후보자 선별에서 강력한 인맥은 너무 쉬운 관점이다. 많은 사람들이 의존하지만 앞에서 말했듯이 과대평가된 면이 있다.

- **업계 지식.** 세일즈 수석부사장은 당신의 구매자 맥락에 뛰어난 직관을 갖추고 있다. 특히 임원의 전략적 관점에서 그렇다. 그는 당신이 목표로 하는 구매자들에게 먹힐 만한 최적의 시장전략, 세일즈 방법론, 가치제안 등에 대한 본능이 뛰어나다. 탄탄한 인맥과 마찬가지로 업계 경험은 평가하기 쉬운 특징이지만 세일즈 인재 채용 과정에서는

과대평가된 면이 있다.

다음은 세일즈 수석부사장의 단점이다.

● **소매를 걷어붙이고 나서지 않는다.** 나는 스타트업 기업에 고용된 세일즈 수석부사장 같은 사람들이 첫날부터 아랫직원이나 비서를 찾는 경우를 많이 보았다. 세일즈 수석부사장은 10년 넘도록 위임하는 방법을 배워온 사람들이다. 그런 사람들에게 지금부터 직접 소매를 걷어붙이고 나서라고 하는 것은 결코 쉽지 않다.

● **최근 고객접점 경험이 없다.** 세일즈 수석부사장은 수년 동안 단 한 건의 거래도 직접 성사시키지 않았을 수도 있다. 스타트업 기업의 첫 번째 세일즈 인재는 현장에 직접 나가 잠재고객들과 이야기 나눠야 한다.

● **느린 속도.** 활기차고 분주히 움직이는 스타트업 기업의 세일즈 수석부사장으로서는 적응하는 데 힘들 수도 있다.

"스타트업 기업은 첫 번째 세일즈 인재를 채용할 때
리더십과 업계지식을 갖춘 사람을 찾으려는 경향이 있는데
그 덫에 빠지면 안 된다."

최고 성과를 올리는 세일즈 인재(2번 후보자)는 세일즈 수석부사장보다 낮지만 추천하진 않는다. 내가 최고 성과를 올리는 세일즈 인재를 채용하라고 추천하는 것은 세일즈 관리 경력이 있는 창업자나 CEO가 시간을 투자해 제대로 코칭하려는 경우뿐이다. 그런 경우라면 이 후보자가 성공할 수 있다.

다음은 최고 성과를 올리는 세일즈 인재의 장점이다.

● **업계 지식.** 세일즈 수석부사장과 마찬가지로 최고 성과를 올리는 세일즈맨은 당신이 목표로 하는 구매자 맥락에 휜하다. 약간의 차이가 있다면 이 후보자의 지식이 고객접점과 더 관련 있다는 점이다. 이 후보자는 구매자와 연결되어 있으며 구매자를 이해하고 구매자의 현재 우선순위를 찾는 문제에 뛰어난 본능을 발휘할 것이다.

● **탄탄한 세일즈 기본.** 진정한 세일즈맨이다. 대기업에서 최고의 성과를 기록한 사람은 타고난 세일즈 능력과 확고한 노동윤리, 경쟁정신 등으로 스타트업 기업에 좋은 영향을 미칠 수 있다.

최고 성과를 올리는 세일즈 인재의 단점이다.

- **구조화되지 않은 환경에서의 성공 능력.** 1등 세일즈맨은 현 직장에 입사했을 때 수 주 동안 교육받았다. 세일즈 프레젠테이션도 참관하고 세일즈 방법론도 교육받았다. 세일즈 과정을 능률화해주는 세일즈 도구들도 갖추었다. 하지만 스타트업 기업의 첫 번째 세일즈 인재는 이 모든 자원을 처음부터 새로 개발해야 한다. 과연 이전 직장에서 최고 성과를 올리던 사람이 할 수 있을지 모르겠다.

- **리더십 경험 부재.** 4명의 후보자 중 이 후보자는 유일하게 리더십 경험이 없다. 처음 채용하는 세일즈 인재는 앞으로 많은 직원을 이끌어나가야 한다. 신규고객 유치와 세일즈 팀 구축을 모두 할 수 있는 능력이 있다면 좋을 것이다.

나는 세일즈 매니저(4번 후보자)가 마음에 든다. 하지만 이상적인 인재는 아니다. 다음은 세일즈 매니저의 장점이다.

- **소매를 걷어붙이고 나서는 의지.** 이 후보자는 세일즈 수석부사장과 달리 고객접점 경험이 있으므로 궂은 일도 마다하지 않을 것이다.

- **리더십 경험.** 이 후보자는 최고 성과를 올리는 세일즈 인재와 달리

「세일즈 성장 무한대의 공식」

최근 승진한 매니저로서 약간의 리더십 경험이 있다. 세일즈 방법론을 증축해나가고 성공적으로 직원을 채용하고 CRM 도구를 실행하고 8인 이상 팀의 코치로 발전할 수 있을 것이다. 이 후보자가 자신의 능력을 증명해 세일즈 부사장으로 성장할 기회를 줘야 한다. 경력을 빨리 다져나갈 수 있는 특별한 기회를 제공해주는 것이다. 따라서 일에 대한 동기와 헌신이 매우 강할 것이다.

● **증명된 실적.** 최근 승진했다는 것은 회사에 크게 기여했고 리더십 가능성도 인정받았다는 뜻이다.

세일즈 매니저의 단점은 다음과 같다.

● **업계 지식.** 이 후보자는 당신의 구매자에게 아직 판매해본 적이 없다. 세일즈 수석부사장의 경우에서 언급한 것처럼 나는 그 부분에 대해 다른 사람들처럼 크게 걱정하지 않는다. 하지만 세일즈 수석부사장이나 최고 성과를 올리는 세일즈 인재와 달리 이 후보자는 새로운 기술을 습득하는 데 시간이 걸릴 것이다.

● **기업가적 본능.** 이 특징은 1번과 2번 후보자의 약점이기도 했지만 여기서 강조하려고 한다. 기업가적 본능은 기업가와 세일즈 매니저를 진정으로 차별화해준다. 세일즈 매니저는 CEO인 당신에게 회사의 가

치제안에 대한 비전과 타깃 구매자의 유형이 무엇인지 물을 것이다. 그는 해당 구매자들을 상대로 그 비전을 전달하려고 애쓰지만 관심을 끄는 데 실패할 수도 있다. 당신이 아직 제품과 시장의 궁합을 찾지 못한 상태이므로 이해하는 데 어려움을 겪을 것이다. 그는 혼자 목표고객들의 가장 큰 도전 과제가 무엇인지 깨달아야 한다. 목표고객들이 도전 과제를 어떻게 해결하려고 하는지도 알 필요가 있다. 목표고객들의 진솔한 반응을 짚어 가치제안에 반영해야 한다. 그 다음에는 패턴을 파악하고 가치제안을 고쳐나가면서 목표고객들에게 제안하는 혁신능력을 길러 제품과 시장의 궁합을 찾는 과정을 가속화해야 한다.

> "첫 번째 세일즈 인재가 올리는 가치는
> 그가 처음 성사시킨 거래나 수익이 아니라
> 제품과 시장의 궁합을 찾는 과정을
> 가속화해주는 능력에서 나온다."

기업가(3번 후보자)는 내가 가장 선호하는 후보자다. 기업가의 장점을 살펴보자.

● **기업가적 본능.** 이 후보자는 4명 중 회사를 올바른 제품과 시장 궁합으로 가는 길을 가속화해줄 가능성이 가장 높다. 실제로 그 역할은

이 후보자가 가장 열정을 느끼는 부분일 것이다. 제품과 시장 궁합이 얼마나 중요한지 생각할 때 매우 값진 능력이다. 이 후보자는 잠재고객들을 파헤쳐 그들의 도전 과제와 기회, 관점, 우선순위를 알려고 할 것이다. 그는 기업가적 본능을 발휘해 고객들과의 대화에서 얻은 정보를 바탕으로 CEO와 제품 팀이 패턴과 중심축을 찾을 수 있도록 도와줄 수 있다.

● **세일즈 기본 능력.** 이 후보자는 정식으로 세일즈 교육을 받았고 대기업에서 경험을 쌓은 점이 마음에 든다. 이런 기본기 덕분에 적절한 세일즈 방법론과 확장 구조를 구축할 수 있을 것이다.

● **리더십 잠재력.** 기업가로서의 경험 덕분에 리드 경험과 능력을 갖추었을 것이다.

다음은 기업가 후보자의 단점이다.

● **세일즈 관리 기본.** 이 후보자는 지금까지 세일즈 인재를 채용해보거나 관리해본 경험이 없을 것이다. 하지만 이런 약점에도 불구하고 나는 그가 회사의 제품과 시장 궁합 찾기 단계를 무사히 이끌어줄 것으로 기대한다. 그 다음에는 세일즈 인재를 채용하고 발굴하기 시작하는 모습을 옆에서 지켜볼 수 있다.

● **업계 지식.** 세일즈 매니저와 마찬가지로 이 후보자는 당신의 목표 구매자에 대한 경험이 없으므로 기술을 습득해야 한다. 누구를 회사의 첫 번째 세일즈 담당자로 고용할지 결정할 때 지금까지 살펴본 내용이 도움이 될 것이다.

◆ 요약

· 스타트업 기업은 처음으로 세일즈 인재를 채용할 때 리더십과 업계 지식을 갖춘 사람을 찾으려는 경향이 있는데 그 덫에 빠지면 안 된다.

· 첫 번째 세일즈 인재가 올리는 가치는 그가 처음 성사시킨 거래나 수익이 아니라 제품과 시장의 궁합을 찾는 과정을 가속화해주는 능력에서 나온다.

「세일즈 성장 무한대의 공식」

2부
세일즈 교육 공식

THE SALES
ACCELERATION
FORMULA

chapter 05

예측가능한 세일즈 교육
프로그램을 준비하라

세일즈맨 샘이 ACME이라는 회사에 채용되어 겪은 가상의 사례를 살펴보자. 샘이 ACME에 출근하는 첫 날이었다. 그는 로비에서 자신에게 인사하러 다가오는 키 큰 신사를 기대 반 설렘 반으로 바라보았다.

"샘, ACME에 입사한 걸 환영합니다." 세일즈 부사장인 짐이 호탕하게 인사를 건넸다. 매끈하게 넘긴 머리에 세련된 정장 차림의 짐은 환한 미소와 힘찬 악수로 샘을 환영해주었다.

"입사하게 되어 무척 기쁩니다, 짐." 샘이 떨리는 목소리로 말했다.

"기회를 주서서 정말 감사합니다." 짐은 출근 첫 날 긴장한 사람들의 모습에 익숙해져 있었다. 그는 긴장한 신입사원 샘의 어깨에 팔을 두르고 힘을 주었다.

"샘, 앞으로 몇 주간 즐거운 일들이 준비되어 있어요. 최고의 실력자들에게서 배울 겁니다. 우리 회사의 1등 세일즈우먼인 수에 대해 말했죠? 기억나세요?"

"네. 당연히 기억하죠."

"앞으로 몇 주 동안 수의 그림자가 되어야 합니다. 그녀의 전화 통화를 관찰하고 약속이 있을 때 함께 나가세요. 머지않아 수와 1등자리를 놓고 다툴 겁니다. 어때요?"

"말씀만 들어도 좋습니다! 빨리 시작하고 싶네요."

샘은 몇 주 동안 열심히 수의 그림자가 되어 따라다녔다. 잠재고객과의 전화 통화를 듣고 새로운 고객 발견에 대해 논의할 때도 열심히 귀 기울이고 철저히 이해했다. 그녀가 고객과 약속이 있을 때도 동행했다. 그녀가 수많은 고객을 만나는 모습을 옆에서 자세히 관찰했다. 정말 놀라운 경험이었다. 수의 세일즈 전략 중에는 샘을 놀라게 한 것도 있었다. 수는 전화나 약속에 늦는 경우가 종종 있었다. 회사에 대한 잠재고객 리서치도 자세히 하지 않았다. 그들의 전략이나 우선순위에 관심도 없었다. 그냥 프레젠테이션을 준비해 곧바로 설명하기 시작했다. 하지만 수의 이런 행동에도 잠재고객들은 좋아했다. 모든 미팅은 환한 미소로 시작해 기분 좋은 악수로 끝났다. 그녀는 잠재고객들과 개인적인 관계를 형성했다. 자녀, 휴가, 지역 스포츠

「세일즈 성장 무한대의 공식」

팀의 성적 등에 대한 잡담으로 시작할 때가 많았다. 잠재고객들은 그녀를 좋아했고 결국 그녀에게 제품을 구매했다.

샘은 약간 혼란스러웠다. "ACME에서는 모든 세일즈가 개인적인 인간관계와 관련 있나?"라는 생각이 들었다. 그동안 샘은 철저한 미팅 준비와 소비자 니즈에 대한 심오한 파악을 통해 세일즈에서 성공을 거둬왔다. 그러나 ACME 최고의 세일즈우먼 수는 그런 것들은 전혀 신경도 쓰지 않는 듯했다. 샘은 "나도 인간관계를 판매하는 법을 배워야 할까?"라고 생각하게 되었다.

샘이 수를 따라다니며 관찰한 것처럼 '동행 체험'은 매우 흔한 세일즈 교육이다. 하지만 샘이 도출한 결론에 대해 이 방법은 다소 염려스럽다. 우리 회사 최고의 세일즈 인재들은 저마다 다른 이유에서 유능하다. 그들은 세일즈 과정의 특정한 면에서 저마다 내가 '슈퍼 파워'라고 부르는 것을 갖고 있다. 이 슈퍼 파워는 최고 성과자들마다 다르다. 새로운 세일즈 직원이 단 한 명의 최고 성과자로부터만 배우도록 한다면 이상적인 세일즈 과정에 대해 제한적인 관점을 취하기 쉽다. 세일즈 과정의 일부분에서는 탁월함을 경험할 수 있지만 좋지 않은 습관에도 노출될 수 있다는 뜻이다.

> "최고의 세일즈맨들마다 고유한 성공요인이 있다.
> 교육 과정에서 동행 체험에 비중을 두면 신입사원이
> 자신만의 강점을 발휘하기 어렵다."

이 가상 이야기는 허브스팟에서 실제로 일어날 수도 있다. 최고의 성과를 올리는 세일즈맨 2명이 있었다. 베티와 밥이라고 해보자. 그들 모두 허브스팟 초창기에 세일즈 팀에 합류했고 내가 이 책을 쓰고 있는 6년 후에도 여전히 고객접점에서 탁월한 능력을 발휘하고 있다. 허브스팟처럼 빠르게 돌아가는 환경에서 결코 쉽지 않은 일을 해낸 인재들이다. 베티와 밥의 성공 비결은 서로 다르다. 베티는 지금까지 내가 봐왔던 사람들 중 친분 구축 능력이 가장 뛰어나다. 방금 예로 든 가상 이야기의 수와 비슷하다. 그녀는 잠재고객에 대해 모르는 것이 없었다. 그녀가 잠재고객들에게 진행하는 제품 설명 중 아이들과 애완동물, 좋아하는 음식, 음악에 대한 이야기 등이 절반을 차지했다. 잠재고객들은 베티를 좋아했고 너도나도 그녀에게 제품을 구입했다. 반면, 베티는 세일즈 프로세스의 나머지 부분에서는 '보통'도 있고 '매우 잘함'도 있었다. 하지만 관계 구축만큼은 매우 탁월했다. 그것이 그녀가 가진 '슈퍼 파워'였다.

이제 밥에 대해 살펴보자. 영업활동에서 밥보다 뛰어난 사람은 없다. 일반적으로 그는 다른 팀원들보다 업무 관련 전화 통화를 25%나 더 많이 한다. 언제라도 그의 책상 옆을 지나가면 CRM에 창이 10개는 열린 모습을 볼 수 있다. 전화 통화와 이메일 전송이라는 멀티태스킹을 완벽히 해낸다. 정말 놀라운 속도였다. 베티와 마찬가지로 나머지 부분에서 '보통'도 있고 '매우 잘함'도 있었다. 하지만 영업활동만큼은 독보적이었다. 그것이 밥이 가진 '슈퍼 파워'였다. 베티가 밥을 교육시키거나 밥이 베티를 교육시킨다고 해보자. 결과가 좋을 리 없다. 밥은 베티를 따라다닌 후로 성공이 잠재고객과의 관계 구축에 달려 있다고 생각할 것이다. 그렇다면 '잡담'에 익숙하지 않은 그는 허브스팟에서 과연 성공할 수 있을지 걱정스러울 것이다.

반대로 베티는 밥을 따라다닌 후로 활발한 영업활동이 성공을 좌우한다는 생각이 들 것이다. "활발한 영업활동은 내 특기가 아닌데 큰일이야."라고 생각할 것이다. 나는 신입직원들에게 세일즈 프로세스의 모든 면에서 모범 사례를 보여줘야만 했다. '모범 사례 청사진'은 흔히 '세일즈 방법론'이라고 부른다. 세일즈 인재들을 중요한 가르침에 노출시키는 동시에 자신만의 '슈퍼 파워'를 사용할 수 있도록 유연성도 제공해야만 했다.

세일즈 방법론의 3가지 요소를 정의하라: 구매결정 과정, 세일즈 프로세스, 자격 부여 매트릭스

잘 설계된 세일즈 방법론에는 구매결정 과정과 세일즈 프로세스, 자격 부여 매트릭스 3가지가 있다. 이 3가지 요소는 성공적인 교육 프로그램이 모델로 삼아야 할 '모범 사례의 청사진'이다. 구매결정 과정은 고객이 제품을 구입할 때까지 거치는 일반적인 단계를 말한다. 예를 들어, 대부분의 구매결정 과정은 구매자가 해결하려는 문제를 발견하면서 시작된다. 이후 구매자는 문제와 문제 해결 방법을 파고들 수 있다. 결국 평가를 위한 짧은 해결책 목록을 만들 것이다. 구매자는 그 중 하나를 시험해볼 수도 있다. 해결책 구매에 따르는 비용과 혜택에 대한 ROI(투자수익률)를 분석하기도 한다. 이 모든 단계가 구매결정 과정에 포함될 수 있다.

> "세일즈 방법론을 정의하면 교육 공식의 확장과 예측이
> 가능해진다. 세일즈 방법론의 3가지 요소는
> 구매결정 과정, 세일즈 프로세스, 자격 부여 매트리스다."

세일즈 방법론 설계는 반드시 구매결정 과정에서 시작되어야 한다. 그러면 세일즈 프로세스에서 구매자의 니즈가 계속 중심에 놓일 가능성이 커진다. 또한 세일즈 팀이 한 걸음 뒤로 물러나 구매결정 과정을 가속화하거나 능률화하는 방법을 고심하게도 만든다. 허브스팟의 초기 구매결정 과정은 그림 5.1에 나와 있다.

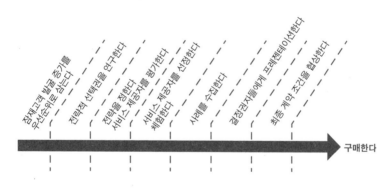

그림 5.1 허브스팟의 초기 구매결정 과정 사례

「세일즈 성장 무한대의 공식」

구매결정 과정을 정의한 후에는 세일즈 프로세스를 만들 수 있다. 세일 즈 프로세스는 구매결정 과정 내내 소비자를 지원해준다. 예를 들어, 잠재고객이 회사의 제품 정보를 요청하면 세일즈맨은 관련 정보를 이메일로 보내줘야 한다. 또한 전화를 걸어 더 궁금한 점이 없는지 물어봐야 한다. 잠재고객에게 전화하고 이메일을 보내는 행위를 가망고객 발굴(prospecting)이라고 하는데 이는 세일즈 프로세스의 보편적인 단계다. 이런 노력의 일부는 잠재고객과의 '연결' 전화로 이어질 수 있다. 그 전화에서 세일즈맨은 잠재고객에게 회사를 소개하고 어느 정도 관계를 구축한다. '연결' 전화가 성공하면 잠재고객이 '발견 전화'를 허락하고 세일즈맨은 잠재고객의 목표에 대해 더 자세히 들을 수 있다. 발견 전화는 해결책의 '프레젠테이션'이나 '시연'으로 이어질 수도 있다. 이 모든 단계는 세일즈 프로세스에서 이루어질 수 있다.

세일즈 프로세스 단계들은 구매결정 과정과 일치하는 것이 좋다. 그러면 고객은 세일즈맨을 유익한 도움을 주는 사람으로 인식하게 되며 구매자와 세일즈맨의 다음 단계가 동시에 이루어진다. 세일즈 프로세스 단계들은 점검할 수 있어야 한다. 그래야 현재 기회가 어느 단계에 있는지 세일즈맨과 세일즈 매니저가 정확히 이해할 수 있기 때문이다. 예를 들어, 판매 과정에 '인플루언서 작용'을 포함시킨다면 최악이다. 이것은 지나치게 주관적이다. 이 단계에서 기회의 의미에 대한 정의가 세일즈맨들마다 다를 수 있다. 또한 기회가 그 단계에서 정말 있는지 매니저가 점검하기도 힘들다. '발견 확인'이 훨씬 나은 선택이다. 이 단계에 도달했다면 세일즈맨이 잠재고객에게 발견 전화 내용을 요약해 이메일로 전달했고 긍정적인 반응이 돌아왔을 것이다.

세일즈맨은 세일즈 이 단계에서 기회가 정말 있는지 분명히 알 수 있다. 구매자는 자신의 목표와 해결책이 확인되는 과정까지 세일즈맨과 보조가 맞는 듯한 느낌이 들고 구매결정 과정을 진전시킬 준비가 되어 있을 것이다.

마지막으로 자격 부여 매트릭스를 확립해야 한다. 자격 부여 매트릭스는 우리 회사가 잠재고객을 도울 수 있는지, 잠재고객이 도움을 원하는지 여부를 알기 위해 잠재고객으로부터 어떤 정보가 필요한지 정의한다. 정보는 세일즈 프로세스의 다양한 단계에서 모아진다. 거래마다 똑같은 순서로 모아지는 경우는 드물다.

수십 년 동안 보편적으로 사용된 자격 부여 매트릭스로 BANT가 있다. BANT는 예산(budget), 권한(authority), 니즈(needs), 타이밍(timing)을 뜻한다. '예산'은 해결책의 가치가 비용보다 크고 비용을 예산으로 충당할 수 있음을 세일즈맨이 고객에게 확인시켜주었다는 뜻이다. '권한'은 세일즈맨이 예산담당자의 예산 기준을 확인해주었다는 뜻이다. '니즈'는 세일즈맨이 잠재고객이 추구하는 목표나 해결하려는 문제를 이해한다는 뜻이다. 세일즈맨은 고객이 원하는 결과를 달성하지 못하면 어떻게 되는지도 이해할 뿐만 아니라 니즈를 수량화할 수도 있어야 한다. 마지막으로 '타이밍'은 잠재고객이 니즈를 해결하려는 구체적인 타임라인을 설정한다는 뜻이다.

BANT는 약간 구식이지만 출발점으로 삼기는 좋다. 구매자 맥락이 변화하고 BANT에 대한 이해도가 커질수록 자신의 상황에 맞는 매트릭스로 고쳐나가면 된다. 기준이 최대한 짧고 단순하고 이해하기 쉬워야 한다는 사실만 기억한다.

세일즈 방법론을 기준으로 교육 커리큘럼을 짜라

세일즈 방법론이 정의되면 교육 커리큘럼을 갖추는 일은 비교적 단순해진다. 세일즈 방법론은 만든 것과 똑같은 순서로 도입한다. 즉, 구매결정 과정으로 교육 프로그램을 시작하라. 구매결정 과정의 각 단계마다 떠올리는 질문 사례를 파고들어라. 신입사원이 구매자가 무슨 생각을 하는지, 머릿속에 들어갈 수 있도록 도와줘라.

그림 5.2 세일즈 교육 커리큘럼 견본

구매결정 과정 교육이 끝나면 세일즈 프로세스로 넘어간다. 세일즈 프로세스와 자격 부여 매트릭스를 소개하는 부분을 교육 과정에 넣는다. 그러면 세일즈 프로세스의 모든 단계를 개별적으로 깊이 파고들 수 있다. 가망고객 발굴, 연결 전화, 발견 전화 등을 다루는 세션을 따로 준비한다. 팀 규모가 커지면 최고 성과자들이 각자의 '슈퍼 파워'를 가르치는 수업을 교육 프로그램에 포함시켜도 된다. 앞에서 예로 든 ACME(가상회사)의 동행 체험 방식과는 거리가 멀다. 슈퍼 파워를 특정한 교육 주제와 일치시키는 것이다. 물론 책임자가 내용을 미리 확인해야겠지만 나머지는 최고의 세일즈맨들에게 위임해야 한다. 그들은 자기계발의 기회를 환영할 것이다.

그림 5.2 는 초창기 핫스팟의 세일즈 교육 커리큘럼 견본을 보여준다.

세일즈 교육 공식에 예측 가능성 더하기

전통적인 '동행 체험' 교육에 대한 또 하나의 우려가 있다. **'동행 체험' 세일즈 교육 전략은 확장이나 예측이 쉽지 않다.** 인재 채용을 가속화해야만 한다면? 신입사원들이 최고 성과자를 얼마나 따라다닐 수 있을까? 최고 성과자들을 귀찮게 만들지 않을까? 교육 프로그램의 성공을 어떻게 수량화할까? 조사와 개선은 어떻게 이루어져야 할까? 성공 측정이 가능한 세일즈 교육 프로그램이 필요했다. 과학적으로 반복 실행될 수 있는 세일즈 교육 공식이 필요했다.

> **"'동행 체험' 교육 전략은 확장이나 예측이 쉽지 않다."**

그런 이유로 교육 과정에 한 가지 시험과 인증을 추가했다. 시험의 경우, 제품 관련 지식 같은 사실 정보에 집중되었다. 신입사원들은 교육 후반부에 100가지 문제에 답함으로써 제품에 대해 제대로 이해한 상태로 교육 과정

「세일즈 성장 무한대의 공식」

을 이수할 수 있었다. 이 시험은 스트레스 받는 일이었다. 신입사원들은 대학교 기말고사처럼 벼락치기 공부를 했다. 그 중에는 시험점수가 낮아 탈락하는 경우도 있었기 때문에 진지하게 임해야 했다. 시험과 달리 인증은 세일즈 프로세스의 특정 단계를 실행하는 능력 등 질적인 기술을 시험하는 데 사용되었다. 예를 들어, 신입사원들은 교육 과정을 이수하려면 '발견' 단계에서 능력을 증명해야만 했다. 잠재고객이 발견 단계에 도달했다는 시나리오로 발견 전화를 해보라는 주문이 주어졌다. 강사와 롤플레잉 하는 것이었다.

롤플레잉 다음에는 강사가 인증 심사를 했다. 우리 회사가 '발견' 롤플레잉에서 구체적으로 살피는 부분이 있었다. 개방형 질문으로 시작하고 잠재고객의 말을 경청하고 관심 분야를 파고들고 자격 부여 매트릭스의 여러 요소를 다루는 능력 등이었다. 인증 채점 기준에는 각 행동 항목이 들어가고 1점, 5점, 7점, 10점 등으로 점수의 기준이 정해졌다. 교육담당 강사는 "이 부분은 잘했고 저 부분은 못했다"라고 평가하지 않았다. 인증 과정의 결과는 수량화가 가능했다. 교육받는 신입사원들에게 인증 구조를 미리 알려줘 기대를 확실히 정했다.

"시험과 인증은 세일즈 교육 공식에
예측가능성을 더해준다.
또한 공식을 반복 실행하면서
깨달음도 얻을 수 있다."

롤플레잉 평가자, 즉 이 경우에는 세일즈 교육 강사가 교육생의 채용담당자가 아니어야 한다는 점이 중요했다. 채용담당자는 채용 결정을 내리므로 교육생의 점수를 매긴다면 이해관계가 충돌할 수 있기 때문이다. 다행히 세일즈 교육 강사들은 그런 선입견이 없었다. 교육생들의 성과가 훈련에서 비롯된다는 사실을 회사가 정확히 이해하도록 해주는 것이 그들의 임무였다. 채용담당자들은 이해관계 충돌을 피함으로써 교육 초기부터 신입사원들에게 관여하고 인증을 잘할 수 있도록 그들과 함께 열심히 뛸 수 있었다. 즉, 신입사원 평가 결과는 그들의 재능을 반영할 뿐만 아니라 채용담당자의 인재 발굴과 육성 능력도 보여주었다. 그림 5.3은 세일즈 과정의 '발견' 단계 인증 사례다.

세일즈 과정의 반복 실행

제대로 정의된 세일즈 방법론과 상세한 교육 과정 계획, 평가시험과 인증 절차가 마련되자 확장 및 예측가능한 세일즈 교육 공식으로 순조롭게 진행할 수 있었다. 이런 구조가 갖춰져 좋은 점은 측정과 반복 실행이 가능한 기준선의 토대가 확립된 것이었다. 세일즈 교육 공식은 채용 공식과 마찬가지로 업계의 변화에 따라 끊임없이 변해야만 한다. 다음은 세일즈 교육 공식의 반복 실행을 촉진하는 데 사용했던 몇 가지 도구와 수정 필요성을 정당화해준 상황이다.

「세일즈 성장 무한대의 공식」

[세일즈맨 개요]

후보자 개요	
이름:	존 도(John Doe)
주요 기준 점수:	80%
강점:	〈강점 1〉
	〈강점 2〉
개선 영역:	〈개선 영역 1〉
약점:	〈개선 영역 2〉
인증 달성:	예

주요 기준	점수(1~10)	가중치	가중치 점수	최대 점수
발견 전화 준비	8	5	40	50
물류 준비	9	5	45	50
에너지 / 목소리	9	6	54	60
친분 구축 / 공감대 형성	10	5	50	50
신뢰 형성	7	7	49	70
의제 / 기대	9	5	45	50
구매자 목표 이해	10	10	100	100
구매자 계획 이해	6	10	60	100
구매자 도전 과제 이해	6	8	48	80
구매자 타임라인 이해	9	10	90	100
예산/ 권한 이해	4	8	32	80
트래픽 생성 발견	9	6	54	60
잠재고객 전환 발견	8	6	48	60
잠재고객 육성 발견	9	6	54	60
분석 발견	8	6	48	60
도전 과제 / 리셋 전략	7	10	70	100
다음 단계	10	8	80	80
총점			**967**	**1210**
				80%

그림 5.3 발견 전화 인증 견본

1. **6개월 피드백 포럼:** 입사 6개월을 맞은 신입사원에게 세일즈 교육 프로그램 보고서를 작성해달라고 부탁했다. 입사 후 6개월이 지난 시점을 선호한 것은 그쯤 되면 자신의 경험을 통해 교육 과정에서 가장 도움이 되는 부분과 그렇지 않은 부분을 숙고해볼 수 있기 때문이다. 여기에 포함된 질문들 중 내가 선호하는 질문은 교육 세션을 가장 가치 있는 순서로 평가해보라는 것이었다. 교육 과정에 추가하면 좋을 주제를 묻는 질문도 마찬가지였다.

2. **교육 성적과 세일즈 성과의 상관성:** 1부에서 채용 인재의 특징과 실제 세일즈 성과의 연관성을 분석한 것처럼 교육 성적과 세일즈 성과의 연관성을 분석했다. 제품 시험에서 좋은 성적을 받는 것이 성공지표가 될까? 반면, 낮은 점수는 실패를 예측하게 해주는가? 세일즈 인증은 어떤가? 성공을 예측해주는가? 만약 연관성이 없다면 우리 회사의 세일즈 교육 공식에 문제가 없는지 고심해야만 했다. 결과적으로 강력한 연관성이 나타났고 우리는 성공에 영향을 미치는 듯한 요소를 중심으로 공식을 수정해 반복 실행해나갔다. 기대대로 세일즈 교육 점수는 세일즈 채용 점수보다 더 분명한 성공지표였다.

3. **세일즈 팀의 바람직한 행동 변화:** 기업이 성장하면서 기존 세일즈 팀은 재교육을 받아야 하고 교육 공식에도 변화가 필요해진다. 신제품 개발이나 유효시장 확대, 누적정보에 따른 세일즈 모델 변경의 필요성

「세일즈 성장 무한대의 공식」

등이 이유가 될 수 있다. 이미 구조화된 교육 공식이 있다면 현재의 위치를 평가하고 기업 변화에 맞춰 공식에도 변화를 주는 일이 훨씬 쉬워진다.

◆ 요약

· 최고의 세일즈맨마다 고유한 성공요인이 있다. 교육 과정에서 동행 체험에만 비중을 두면 신입사원은 자신만의 강점을 발휘하기 어렵다.

· '동행 체험' 교육 전략은 확장이나 예측이 불가능하다.

· 세일즈 방법론을 정의하면 교육 공식의 확장과 예측이 가능해진다. 세일즈 방법론의 3가지 요소는 구매결정 과정, 세일즈 프로세스, 자격 부여 매트리스다.

· 시험과 인증은 세일즈 교육 공식에 예측 가능성을 더해준다. 또한 공식을 반복 실행하면서 깨달음도 얻을 수 있다.

chapter 06

구매자가
신뢰할 수 있고 도움이 되는
세일즈 인재를 양성하라

오늘날 구매자들은 구매와 판매 과정에서 전권을 쥔다. 구매자는 온라인에서 원하는 제품을 최고의 업체를 통해 손쉽게 구할 수 있다. 다양한 업체들의 가격과 제품의 기능 차이를 확인할 수도 있다. 또한 소셜미디어 상에서 실제 구매고객들의 리뷰도 볼 수 있다. 온라인에서 제품을 무료로 사용해보기도 하고 곧바로 구입하기도 한다.

이러한 상황에서 과연 세일즈맨이 필요할까? 좋은 질문이다. 새로워진 구매자와 판매자의 패러다임에서 세일즈맨은 더 많은 가치를 더해 자신의 가치를 증명해야 한다. 더 이상 세일즈는 전화 통화용 대본과 가격, 고객 응

대법을 외우는 것이 아니다. 잠재고객에게 진정한 컨설턴트이자 믿을 수 있는 조언자가 되어줘야만 한다.

> "세일즈맨은 구매자들에게 자신이 내놓은
> 해결책이 무엇이고 그들의 목표에 어떤 도움이 될지
> 이해하라고 하면 안 된다. 대신 세일즈맨이 구매자들의
> 목표가 무엇이고 그들이 생각한 해결책이 목표에
> 어떤 도움이 되는지 이해해야 한다."

잠재고객의 직업을 체험하라

구매자의 무엇을 원하는지 이해하려면 높은 수준의 비즈니스 감각이 필요하다. 세일즈맨은 제품이 담고 있는 메시지를 구매자가 공감할 수 있도록 구매자의 니즈를 다루고, 구매자의 언어에 맞춘 스토리로 바꿔야 한다.

잘 훈련된 세일즈맨은 잠재고객의 직업을 직접 체험해본 세일즈맨이다. 오늘날의 세일즈 형태에서 세일즈맨은 고객의 입장을 이해해야만 한다. 고객이 하루 종일 무엇을 하는지? 고객이 하는 일 중 쉬운 부분은 무엇인지? 어려운 부분은 무엇인지? 무슨 일로 스트레스를 받는지? 해당 직업을 가진 사람들은 무엇을 좋아하는지? 상사는 그들에게 무엇을 원하는지? 성공을 어떻게 측정하는지?

이처럼 세일즈맨이 구매자의 일상을 이해하면 공감대가 형성될 수 있다. 고객과 공감하면서 신뢰를 얻고 고객의 관점을 알게 된다. 세일즈맨은 출발점과 결승점에 모두 있어봤기 때문에 구매자의 생각을 알 수 있다. 조언해주고 도움을 줄 수도 있다. 나의 세일즈 교육 공식에서 세일즈맨들이 구매자의 일상을 깊이 이해하도록 만드는 것은 중요한 목표였다. 그 목표를 어떻게 달성했는지 앞으로 설명하겠다.

초창기 허브스팟의 주 고객층은 마케터들이었다. 따라서 우리의 세일즈 교육 목표는 마케터의 입장을 이해시키는 것이었다. 몇 주의 교육 과정 동안 신입사원들은 대본을 외우거나 고객의 반론이 제기된 상황을 토론하면서 시간을 보내는 것이 아니라 웹 사이트를 만들어 글을 올리면서 소셜미디어 활동에 주력했다. 교육이 끝날 무렵 그들이 올린 수십 개의 검색어는 구글의 상위 검색 결과에 떴고, 소셜미디어에 수백 명의 팔로워를 만들었다. 블로그 게시물을 작성하고 랜딩 페이지를 만들고 A/B 테스트를 하고 잠재고객들을 분류하고 이메일 광고를 만들고 웹 사이트 방문자에서 잠재고객, 고객으로 전환되는 과정을 분석했다. 이 모든 것이 허브스팟의 소프트웨어를 이용한 것이었다. 신입사원들은 그렇게 직접 체험을 통해 마케터의 고충을 느낄 수 있었다.

덕분에 본격적으로 근무를 시작한 후 처음으로 가망고객을 발굴하기 위한 전화를 할 때, 그들이 상대 마케터들보다 인바운드 마케팅, 블로깅, 그리고 소셜미디어에 대해 더 잘 아는 경우가 90%에 육박했다. 따라서 마케터들을 진심으로 이해하고 조언해주고 도와줄 수 있었다. 신입사원들이 만든 웹 사이트와 블로그는 우리 허브스팟의 사업과 관계가 없을 수도 있었다. 나는 오히려 무관한 경우를 선호했다. 직원들이 블로그에 자신의 관심 분야에 대한 글을 올리길 바랐다. 친칠라[2], 미식축구팀인 뉴잉글랜드 패트리어츠, 보스턴의 비밀 맛집 등에 대한 글이 올라왔다. 이처럼 순수 관심사에 대해 올리다보니 다수가 교육 과정이 끝난 후에도 블로그에 계속 글을 올렸다. 회사제품과 업계가 변화하면서 세일즈맨들은 새로운 기능을 자신의 웹 사이트에 맨 먼저 실험해보는 경우가 많았다. 그래서 고객보다 제품 기능에 더 친숙해질 수 있었다.

> "잘 훈련된 잠재고객의 직업을 직접 체험해보는 것이
> 최고의 세일즈 교육이다."

우리 세일즈맨들은 회의적인 구매자들과의 초기 상호작용에서 이렇게 말했다. "인바운드 마케팅에 대해 처음 들으면 거의 회의적인 반응을 보이죠. 저도 그랬어요. 저는 이 회사에 들어온 지 6개월 밖에 안됐습니다. 저도 기술 쪽에는 별로 능숙하지 못해요. 전에 다니던 보험사에서는 블로그 활동이나 SEO, 소셜미디어에 대해 전혀 몰랐거든요. 그런데 해보니 정말 효과가 있더라고요! 제가 교육 기간에 만든 블로그를 보세요. 만드는 데 며칠 밖에 안 걸렸어요. 구글에서 '보스턴 최고의 이태리 식당'을 검색하면 제 블

역주2 다람쥐 과에 속하는 작은 동물

로그가 뜹니다. 구글에서 검색하면 맨 첫 페이지에 떠요! '보스턴 컵케이크'
라고 검색해 보세요. 또 제 블로그가 뜨죠! 고객님도 할 수 있어요. 제가 도
와드릴 수 있습니다."

소셜미디어로 잠재고객에게 개인 브랜드를 구축하라

구매자를 만족시키는 세일즈 팀을 구축하는 데 사용된 또 다른 전술이
있다. 잠재고객은 모든 세일즈맨을 전문가(thought leader)로 생각할 수 있
다. 나는 우리 회사의 세일즈맨들을 디지털 마케팅 분야의 전문가로 변신
시켰다. 다음은 실제 있었던 일이다. 어느 날 포춘 500대 기업의 세일즈 부
사장이 내게 이메일을 보내왔다. "마크, 마케팅 전략에 당신의 도움이 필요
합니다. 우리 마케팅 부사장과 함께 셋이 점심식사를 하고 싶군요." "좋습니
다. 내일 12시에 제가 그쪽으로 갈까요?" "아뇨, 우리가 그쪽으로 가겠습니
다. 사무실 근처에 좋아하는 식당을 하나 골라놓으세요. 거기서 만납시다."
우리는 그렇게 했다.

다음 날 세일즈 부사장과 마케팅 부사장은 자신들의 문제와 해결책이
적힌 카드 한 뭉치를 갖고 나왔다. 그들은 마케팅 팀의 12개월 실적을 분석
했다. 웹 사이트 트래픽 증가, 검색 엔진 결과 상위 노출, 방문자의 고객전
환률에 대한 정보를 보여주었다. 또한, 경쟁업체와 비교해 특정 분야에서 고
전하는 이유와 개선책에 대해서도 생각했다. 우리는 90분 동안 카드를 보면

서 이야기를 나누었다. 나는 그들이 인지하지 못한 업계의 비교 기준을 공유했다. 그들의 전략 중 가장 재미있는 요소도 확인시켜주었다. 개선이 가능하다고 생각되는 부분도 제안했고 비슷한 도전 과제에 부딪힌 다른 고객이 극복한 사례도 들려주었다. 그들은 열심히 메모했다. 점심식사가 끝날 무렵 모두가 만족할 만한 전략이 만들어졌다. 그들은 달성 가능한 목표와 전략을 분명히 이해한 상태였다. 종업원이 계산서를 가져와 내가 지갑을 꺼내려 하자 세일즈 부사장이 막았다. "아닙니다, 마크. 시간 내주셨는데 저희가 감사하죠." 얼마 후 그 포춘 500대 기업은 우리 고객이 되었다. 추가 미팅도 필요 없었다. 이것이 현대의 세일즈다.

현대의 세일즈는 판매자-구매자 관계가 아니라 의사-환자 관계에 더 가깝다.

의사가 당신에게 "담배 피우십니까?", "심장질환 가족력이 있습니까?"라고 물으면 당신은 거짓말하지 않고 솔직히 대답할 것이다. 벽에 걸린 의사 자격증을 보고 사실대로 말한다. 의사가 당신을 도와줄 것임을 잘 알기 때문이다. 의사는 당신의 문제를 진단하고 고쳐주려고 한다. 의사가 진단 후 약을 처방해주면 당신은 "한 번 생각해볼게요.", "20% 할인되나요?"라고 말하지 않고 순순히 약을 먹을 것이다.

> "현대의 세일즈는 판매자-구매자 관계가 아니라
> 의사-환자 관계에 더 가깝다."

포춘 500대 기업의 세일즈 부사장은 나를 의사처럼 믿었다. 내가 내린 진단과 처방해준 해결책을 믿었다. 결국 그는 성공했다. 나는 그를 도와주었다. 내가 신뢰할 수 있는 조언자라는 지위를 얻은 것은 단순히 허브스팟의 세일즈 수석부사장이어서가 아니다. 인터넷을 이용해 나의 관점을 공유하고 사람들을 도와줌으로써 권위자의 위치를 확립한 것이다. 나는 트위터에 모범 사례를 자주 공유했고 명망 있는 혁신가들의 글도 리트윗했다. 허브스팟의 블로그와 링크드인, 업계의 유명 웹 사이트에도 모범 사례 글을 올렸다. 잠재고객들의 대화에 가치를 더하려고 노력하면서 그들의 토론이나 게시물에 리플도 달았다. 이런 노력으로 나를 따르는 사람들을 구축해 나갔고, 정말 많은 팔로워들이 생겼다. 세일즈와 마케팅 분야의 탁월한 전문가라는 평판을 가꿔나갔다. 이 책을 쓰는 지금 나는 매일 1명의 잠재고객으로부터 도움 요청을 받는다.

소셜미디어는 모든 세일즈맨이 구매자에게 신뢰받을 수 있는 조언자로 인식될 수 있는 기회이다. 세일즈맨은 평소 가망고객 발굴에 사용하는 시간의 일부를 소셜미디어 활동에 써야 한다. 그럼 더 큰 보상이 따른다.

어쩌면 당신은 "그럴 시간이 어디 있어?"라고 생각할지도 모른다. 효율성 낮은 전략에 쏟는 시간을 소셜미디어라는 더 효과적이고 현대적인 전략에 쏟으면 된다. 예를 들어, 한 달에 두 번 상공회의소 회의에 참석하는 것을 한 달에 한 번만 참석하고 남은 시간을 온라인에서 구매자들과 대화하는 데 사용해보라. 이번 주에 콜드 콜(cold-call: 한쪽에서 일방적으로 연락하는 것)을 10시간 하려고 마음먹었다면 8시간만 하고 나머지 시간에는 구매자들이 자주 묻는 질문을 블로그에 올려본다. 세일즈 리더는 팀원들에게 효과 없는 전술에 계속 투자하지 말고 구매자와 직접 연결될 수 있는 현대적인 방법을 시도할 것을 장려해야 한다. 그밖에도 세일즈맨이 실험해볼 수 있는 전술은 다음과 같다.

"소셜미디어는 모든 세일즈맨이 구매자에게
신뢰받을 수 있는 조언자로 인식될 수 있는 기회이다.
세일즈맨은 평소 가망고객 발굴에 사용하는
시간의 일부를 소셜미디어 활동에 써야 한다.
그럼 더 큰 보상이 따른다."

1. 잠재고객이 트위터에서 팔로잉하는 사람이 누군지 찾는다. 그들은 언론인, 사상가, 기업 임원일 수도 있다. 그들의 글을 리트윗한다. 그러면 잠재고객 중 다수가 당신을 팔로우할 것이다. 잠재고객에게 직접 메시지를 보내 자신을 소개하고 전화로 이야기 나눌 기회를 마련한다. 어떤 도움이 필요한지 물어보고 도움을 준다. 웹 사이트나 블로그에 글을 올릴 때 그들의 소셜미디어에 홍보해줄 수 있는지도 묻는다. 하지만 이 부탁은 적합한 콘텐츠일 때만 해야 한다.

2. 잠재고객들이 활동하는 링크드인 그룹을 찾는다. 그룹에 올라온 질문에 답글을 올린다. 직접 질문도 올리고 답글을 올리는 사람들과 대

화도 한다. 당신의 회사가 가진, 주제와 관련된 콘텐츠 링크를 올린다. 해당 그룹이 없으면 직접 만든다.

3. 잠재고객들이 방문하는 블로그를 찾는다. 매일 15분 동안 블로그의 글을 읽는다. 1~2개를 리트윗해 당신의 링크드인에 홍보한다. 블로그에 답글을 올린다. 작성자 이름이 당신이나 회사의 링크드인 프로필로 연결되어야 한다. 블로거들은 답글을 좋아하므로 당신의 답글에 답을 달아줄 것이다. 그러면 또 답글을 달아라. 다음에 글을 올릴 때 그 블로거에게 당신의 글을 홍보해줄 수 있는지 묻는다. 또는 그들의 블로그에 당신이 글을 올려주길 바라는지[3] 물어본다.

4. 회사의 블로그에 참여한다. 우선 이메일의 '보낸 편지함'을 확인해본다. 아마도 여러 잠재고객들에게 비슷한 질문의 답을 해주었을 것이다. 그것이 곧 해당 업계 종사자들이 겪는 고충이다! 그것은 블로그 콘텐츠로 훌륭하다. 꾸준히 들어오는 문의라면 분명히 답에 관심 있는 사람도 많을 것이다.

역주3 자신의 블로그가 아닌 곳에 글을 올리는 것을 게스트 블로깅이라고 한다

◆ 요약

· 세일즈맨은 구매자들에게 자신이 내놓은 해결책이 무엇이고 그들의 목표에 어떤 도움이 될지 이해하라고 하면 안 된다. 대신 세일즈맨이 구매자들의 목표가 무엇이고 그들이 생각한 해결책이 목표에 어떤 도움이 되는지 이해해야 한다.

· 잠재고객의 직업을 직접 체험해보는 것이 최고의 세일즈 교육이다.

· 현대 세일즈에서 판매자-구매자는 의사-환자의 관계다.

· 소셜미디어는 모든 세일즈맨이 구매자에게 신뢰받을 수 있는 조언자로 인식될 기회를 이다. 세일즈맨은 평소 가망고객 발굴에 사용하는 시간의 일부를 소셜미디어 활동에 써야 한다.

3부
세일즈 관리 공식

THE SALES
ACCELERATION
FORMULA

chapter 07

평가지표 중심의
세일즈 코칭

여러 면에서 세일즈 매니저는 '세일즈 코치'가 되어야 한다. 세일즈 매니저가 코칭에 할애하는 시간을 최대화하는 것은 생산성을 높이는 가장 효과적인 수단 중 하나다. 나는 허브스팟의 세일즈 조직을 확장하면서 코칭 문화를 강화시키는 새로운 방법을 계속 찾으려고 노력했다. 그것이 세일즈 프로세스의 핵심임을 알고 있었기 때문이다. 7장에서는 내가 활용한 접근방식을 소개할 것이다. 제목처럼 '평가지표 중심의 세일즈 코칭'이다.

"효과적인 세일즈 코칭은 세일즈 생산성의 가장 중요한 요인이다."

그렇다면 무엇이 효과적인 코칭일까? 비효과적인 코칭은 무엇일까? 나는 15년 동안 골프를 하면서 코치에게 많은 레슨을 받았다. 그 중에는 탁월한 코치도 있었고 그렇지 않은 코치도 있었다. 탁월하지 않은 코치는 이렇게 말한다.

"마크, 스윙을 해보세요. 좋아요. 이렇게 잡고 상체를 약간 뒤로 기울이세요. 뒤쪽 발에 무게를 두고. 2시 방향이 아니라 1시 방향으로 백스윙하고 공을 치자마자 손목을 비트세요."

"네? 뭐라고요? 다시 설명해주시겠습니까?"

반면, 탁월한 코치는 이렇게 말했다.

"마크, 스윙을 해보세요. 좋아요. 골프채를 이렇게 잡으세요. 그 상태로 스윙 100개를 해보세요." 20분 후 코치가 물었다.

"어때요?" "좋아요."

"자, 이제 뒤쪽 발에 무게를 더 두세요. 그 상태로 스윙 100개를 다시 해보세요." 20분 후 코치가 또 물었다.

"어때요?" "아주 좋아요." 이것이 효과적인 세일즈 코칭이다.

첫 번째 코치는 흔한 실수를 했다. 신입 세일즈 매니저들은 세일즈 인재를 육성할 때 자신이 알고 있는 모든 것을 그냥 던져버리는 실수를 저지르는 경우가 많다. 특히 교육을 막 끝마친 신입사원들에게 가장 흔히 저지르는 실수다. 세일즈 매니저는 신입 세일즈맨이 내는 성과와 자신이 그에게 바라는 성과의 차이가 크다는 사실을 알게 된다. 그래서 그에게 엄청나게 많은 피드백을 한꺼번에 퍼붓는다. 그러면 세일즈맨은 머리가 핑핑 돌 것이다. 이것은 세일즈맨이 아무 기술도 개발하지 못하게 만드는 결과를 가져온다.

> "한 번에 너무 많은 기술을 지도해주려고 하는
> 것이 세일즈 매니저들이 흔히 저지르는 실수다.
> 한 번에 하나씩 집중한다."

유능한 세일즈 매니저는 두 번째 골프 코치처럼 세일즈맨의 성과에 가장 큰 영향을 미치는 한 가지 기술을 찾아내 그것을 개발해줄 수 있는 맞춤형 코칭 계획을 짠다. 정말 유능한 세일즈 매니저라면 평가지표를 활용해 가장 중요한 우선순위로 삼아야 할 기술을 정확히 진단할 것이다.

코칭 문화 만들기

세일즈 팀을 1명에서 8명으로 늘리는 처음 몇 달 동안 평가지표 중심의 코칭 문화를 만들기는 쉬웠다. 리더가 나 혼자였기 때문에 나만의 프로세스만 따르면 되었다. 하지만 세일즈 매니저가 15명 이상이 되고 임원과 부사장들까지 늘어나자 평가지표 중심의 코칭 문화를 강화시키는 일은 훨씬 어려워졌다. 결국 내가 활용한 과정은 그림 7.1에 나와 있다. 매월 둘째 날 오후 모든 임원들과 회의를 열어 그 달의 코칭 플랜을 점검했다. 그 중에는 약 50명의 직원 관리자들도 있었다. 나는 각 직원들에 대한 그들의 코칭 계획을 들으면서 3가지 질문을 했다.

1. 이번 달에는 해당 직원이 어떤 기술을 개발하도록 할 것인가?
2. 그 기술로 결정한 이유는 무엇인가?
3. 그 기술을 개발해주기 위해 맞춤화된 코칭 플랜은 무엇인가?

	매월 첫째 날	매월 둘째 날
오전	**세일즈맨 / 매니저 검토** ▶ 질적 성과를 돌아본다 ▶ 개별적 평가지표를 검토한다 ▶ 기술개발 플랜을 검토한다	**임원와 매니저 미팅** ▶ 각 세일즈맨의 기술개발 플랜을 검토한다
오후	**매니저와 세일즈맨 미팅** ▶ 질적 성과를 돌아본다 ▶ 개별적 평가지표를 검토한다 ▶ 기술개발 플랜을 함께 세운다	**부사장과 임원 미팅** ▶ 각 세일즈맨의 기술개발 플랜을 검토한다

그림 7.1 평가지표 중심의 코칭 문화를 만들어가는 과정

그 회의가 열린 날, 세일즈 임원들은 매니저들을 맨 먼저 만나 그들의 코칭 플랜을 들어보았다. 임원들은 각 직원들의 코칭 플랜을 들어보고 내가 오후에 할 질문과 똑같은 질문을 던졌다. 이 회의를 위해 세일즈 매니저

들은 매월 첫째 날 직원들과 함께 평가지표를 검토하고 맞춤형 코칭 플랜을 함께 세웠다. 이 회의를 위해 세일즈 매니저와 직원들은 매월 1일 오전 성과 평가지표를 점검해야 했다. 한마디로 조직 전체가 매달 세일즈 코칭을 준비할 의무가 있었다.

세일즈맨과 함께 코칭 플랜을 세워라

매월 첫째 날 세일즈 매니저가 모든 세일즈맨과 일대일로 코칭 플랜을 세운다는 것은 매우 적극적인 모습이다. 매니저는 "존, 지난 달 성과를 봤더니 이러저러하더군. 이번 달에는 이 부분을 이런 식으로 개발해볼 거야."라고 말하지 않는다. 이것은 세일즈맨에게 권한을 부여하지도 않고 설득력도 없다. 세일즈맨이 건설적으로 자기계발을 생각해볼 훌륭한 학습 기회를 놓치는 것이다. 매니저는 각 세일즈맨들과 한 달 코칭 플랜을 세움으로써 팀원들에게 자신의 성과를 직접 분석하고 일련의 질문을 통해 부족한 기술을 진단할 수 있는 권한을 부여한다. 세일즈 매니저 관점의 질문은 다음과 같다.

"존. 지난 달 성과에 대해 어떻게 생각하나요?"
"양적으로 볼 때 잘한 부분과 개선이 필요한 부분이 어디죠?"
"수치를 한 번 살펴봅시다. 이것이 팀 전체의 영업 전화활동 평가지표입니다. 이 차트에서 보이는 당신의 성과에 대해 어떻게 생각합니까?"

"다음은 전화연결률 차트입니다. 뭐가 보이죠?"

세일즈 매니저는 핵심적인 평가지표를 모두 보여줘야 한다. 흥미로운 견해가 나오면 좀 더 자세히 질문한다. "이 부분에서 당신의 성과가 나머지보다 높은(낮은) 이유가 뭐라고 생각합니까?" 세일즈 매니저는 모든 평가지표를 둘러본 후, 두 부분으로 이루어진 가장 중요한 질문을 한다.

"지금까지 살펴본 평가지표와 당신의 질적인 관찰로 볼 때 이번 달에는 어떤 기술에 힘써야 하는지 그리고 그 기술을 연마할 수 있도록 내가 어떻게 도와주면 되겠습니까?"

아마도 세일즈 매니저는 팀원을 어떻게 도와줘야 하는지 어느 정도 알고 있을 것이다. 하지만 팀원의 의견에 따라 자신의 계획을 조정할 의사가 있어야 한다. 이런 융통성은 팀원의 수용과 권한을 최대화해준다. 스스로 독립적인 코치가 되어 자신의 부족한 점을 생각해보고 개선하기 위한 코칭 플랜을 원하는 대로 세울 수 있다. 또한 나는 허브스팟의 세일즈 매니저들에게 월간회의때 코칭 세션의 후속조치 일정을 세울 것을 장려했다.

"평가지표를 이용해 세일즈맨의 성과에
가장 큰 영향을 미칠 수 있는 기술개발 영역을 진단한다.
거기에 맞춰 코칭 플랜을 세운다.
평가지표 중심의 세일즈 코칭을 실시한다."

"나도 동의합니다, 존. 이번 달에는 기회 초기 단계에서 '긴급의식'을 기르는 데 집중하는 게 좋겠어요. 발견 전화 2통을 녹음해 함께 검토해보면 좋겠다는 아이디어가 마음에 듭니다. 우리 둘 다 다음 주 화요일 오전 10시나 그 다음 주 목요일 오후 4시에 시간이 되는 것 같으니 미리 날짜를 잡아 둡시다. 두 건의 전화 통화를 녹음해 준비하는 거 잊지 마시고요."

세일즈 매니저들은 이런 시간관리 전략에 만족했다. 문제가 생길 때 마다 소극적으로 대응하기 보다는 팀원들이 가장 필요로 하는 부분을 코칭하는 시간을 우선순위에 둔다는 뜻이었기 때문이다. 팀의 성과에 가장 큰 영향을 미칠 수 있는 기술에 집중하는 것이었다. 그것보다 중요한 우선순위가 있을까?

평가지표 중심의 기술 진단과 코칭 플랜 사례

당신은 "가장 중요하게 추적해야 할 세일즈 평가지표가 무엇일까?"라고

생각할지도 모른다. 그 답은 기업들마다 다르다. 즉, 처음에는 이미 회사 상
황을 평가하기 위해 추적되는 평가지표들부터 간단히 시작하는 것이 좋다
는 뜻이다.

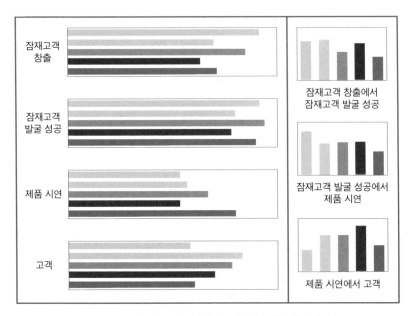

각 패턴은 한 달 동안 각 세일즈맨의 성과를 나타낸다

그림 7.2 한 달 동안 각 세일즈맨의 활동 비교

그림 7.2의 단순한 모델을 한 번 보자. 이 그림은 지난 달 잠재고객을 발
굴해 시연하고 거래가 확정될 때까지의 기본적인 과정을 나타낸 것이다. 각
패턴은 각 팀원을 나타낸다. 이 단순한 모델은 평범한 성과를 낸 직원과 최
고 성과를 낸 직원의 다른 부분과, 각 팀원이 고객을 가장 많이 놓치는 때

「세일즈 성장 무한대의 공식」

를 보여준다. 차트의 4번째 체크 패턴에 해당하는 세일즈맨을 살펴보자. 그는 지난 달 가장 적은 관심고객을 발굴했다. 그 이유는 무엇일까? 직접 질문을 통해 의견을 듣는다. 그런 후, 당신의 관점과 경험을 바탕으로 조언한다. 다음은 그 상황에서 가능한 진단과 그에 맞는 코칭 플랜이다.

1. **부정확한 기회에의 과잉투자:** 이 직원은 구매결정 과정의 초기에 질적인 기회를 제대로 파악하지 못할 수 있다. 결과적으로 거래 가능성이 희박한 기회에 시연 시간을 많이 쓴다. 발견 전화와 시연 횟수가 많은 반면, 낮은 거래성사율이 그 진단의 증거다. 이 경우, 해당 직원이 새로 진행한 세일즈 기회를 검토해보고 각 기회의 적합성에 초점을 맞추는 것이 효과적인 코칭 플랜이 될 것이다.

2. **시간 관리:** 어쩌면 이 직원은 시간을 제대로 관리하지 못하고 있을 수 있다. 세일즈 기회의 초기 단계에서 너무 많은 리서치를 하는지도 모른다. CMS 기술이 약하거나 불필요한 사무 업무를 하고 있을 수도 있다. 세일즈 깔때기의 볼륨(잠재고객 발굴, 시연, 고객)이 평균 이하인 것이 진단의 증거가 된다. 일간 및 주간 별 활동목표를 세우고 각 활동 일정을 짜고 진행사항을 주기적으로 보고하는 것이 효과적인 코칭 플랜이 될 수 있다.

3. **개인적 동기:** 이 직원은 매일 업무에 최선을 다하고 있지 않을 수도

있다. 세일즈맨이 업무에 쏟는 시간이 일주일 평균 약 50시간 이라고 한다면 그는 30시간만 하고 있을지도 모른다. 역시 세일즈 깔때기 볼륨이 적은 것이 진단의 증거가 된다. 매일 출근하는 이유가 무엇인지, 돈을 얼마나 벌고 싶은지, 그 돈으로 뭘 하고 싶은지, 언제 그 정도 돈을 벌고 싶은지 등에 대해 대화해보는 것이 훌륭한 코칭 플랜이 될 수 있다. 목표 달성과 일일 업무활동량의 연관성을 깨닫도록 해주는 것이다. 마지막으로 매일 검토 확인 계획을 세운다.

4. **전화 통화를 꺼림:** 해당 세일즈맨은 전화 통화를 두려워할지도 모른다. 이것은 고치기 어려운 문제이며 고객접근 단계에서 실패하기 쉬울 것이다. 성격의 근본적인 변화가 필요할 수도 있고 세일즈가 적성에 맞지 않다는 뜻일 수도 있다.

이제 차트 맨 위 오른쪽 사선 패턴에 해당하는 직원을 살펴보자. 그는 많은 가망고객을 발굴했지만 시연 횟수가 가장 적어 결과적으로 확보한 고객 수가 가장 적다. 다음은 이런 유형의 세일즈맨을 위한 진단과 코칭 플랜이다.

1. **가망고객 발굴 깊이:** 그는 가망고객을 깊이 파고들지 않는지도 모른다. 한두 번 접촉만 해보고 포기할 수도 있다. CRM에서 그가 접촉한 가망고객 일지를 살펴보면 확실히 알 수 있을 것이다. 코칭 관점에서

올바른 가망고객 발굴 작업과 CRM을 이용해 가망고객을 놓치지 않는 방법에 대한 지도가 필요할 것이다.

2. **개인화 예측상의 부족:** 가망고객을 깊이 파고들지만 항상 똑같은 내용의 이메일이나 문자메시지를 남길 수도 있다. 그렇다면 가망고객의 상황에 따라 이메일이나 문자메시지를 개별화하면서 전체적인 메시지를 구축할 필요가 있다. 이메일 내용을 살펴보면 좀 더 확실한 진단이 가능하다. 이메일마다 특색이 전혀 없다면 고객접점마다 개별화된 상황을 추가해야 한다. 잠재고객의 개별적 상황을 활용해 가장 적합한 타이밍에 가장 도움이 되는 정보를 전달해야 한다.

3. **연결 전화에서의 신뢰 구축:** 이 세일즈맨은 가망고객과 전화 연결하는 것까진 매우 잘하고 있을지 모른다. 그런데 전화 통화에서 가망고객과 공감대를 형성하는 데 실패할 수 있다. 전화 통화에서 가망고객에 대해 알려고 하는 것이 아니라 매번 지루한 제품 홍보만 늘어놓고 있을지도 모른다. 이 진단에는 세일즈 매니저의 전략적 노력이 필요하다. 앞으로 '양파껍질 벗기기' 프로세스에서 자세히 설명하겠다. 해당 직원이 가망고객에게 전화하는 과정을 귀 지켜보면서 90분 동안의 코칭 시간을 두 번 마련한다. 롤플레잉을 하면서 제안 기술을 보여주고 해당 직원이 가망고객 통화에서 직접 응용해보도록 한다.

마지막으로 차트 맨 아래 왼쪽 사선 패턴에 해당하는 세일즈맨을 살펴보자. 그는 가망고객 발굴 작업과 제품 설명 활동량은 많지만 확보한 고객은 적다. 다음은 이런 유형의 세일즈맨용 진단과 코칭 플랜이다.

1. **긴급의식 부재:** 이것은 내가 허브스팟이나 다른 조직에서 가장 자주 부딪히는 문제다. 가망고객이 제품에 대해 큰 관심을 보이면서 구매할 가능성이 있다고 말한다. 그런데 다음 날 전화 통화로 곧 있을 무역전시회나 얼마 안 남은 마감기한 얘기를 하면서 한 달 후 다시 통화하자고 한다. 그러나 한 달 후 세일즈맨이 전화하면 당연히 이름조차 기억하지 못한다. 해당 세일즈맨이 세일즈 후반 단계에서 '종결'을 놓친 경우가 얼마나 있는지 살펴보면 이 진단이 더 확실해진다. 이 진단을 위한 코칭 플랜에는 세일즈 기회에 긴급의식을 갖도록 롤플레잉과 통화 녹음을 분석해보는 방법이 포함된다. 이때 살펴봐야 할 중요한 질문은 다음과 같다.

가망고객에게 우리 제품이 당장 필요한 이유는 무엇인가? 오늘 구매하지 않으면 어떻게 되는가? 6개월 후에도 문제가 해결되지 않는다고 상상해보라. 그러면 어떻게 되는가? 정말 끔찍한 상황 아니겠는가? 만약 가망고객의 대답이 '아니오'라면 세일즈맨이 가망고객에게 긴급의식을 심어주지 못했다는 뜻이고 세일즈는 실패할 가능성이 크다.

2. **'의사결정자' 접근 부재:** 의사결정자가 누구인지 알아내지 못하거나 의사결정자에게 접근하지 못하는 것이 문제일 때가 있다. 잠재적 구매자가 본인이 의사결정자라고 말하지만 사실이 아닐 때도 많다. 반면, 실제 의사결정자는 자신이 의사결정자가 아니라고 말한다. 잠재적 구매자가 과연 실제 의사결정자인지 판단하는 것은 쉽지 않다. 세일즈 매니저는 세일즈맨이 중요한 서류에 서명할 책임자와 직접 관여한 것이 얼마나 되었는지 평가하는 방법으로 '의사결정자 부재'를 진단할 수 있다. 만약 의사결정자인 CEO와 이야기조차 못했다면 문제가 있다. 구체적인 기회에 따른 롤플레잉은 이런 기술 부족을 극복하는 데 효과적이다. 최고의 세일즈맨은 최종 사용자가 우리 제품을 원하는 이유와 의사결정자가 우리 제품을 원하는 이유에 차이가 있음을 나는 깨달았다. 그래서 상대방에 따라 소통방식을 바꾸어 모든 사람의 니즈를 충족시킨다.

3. **고민을 제대로 파고들지 못한다:** 세일즈맨이 가망고객의 고민을 제대로 파고들지 못할 수도 있다. 세일즈맨에게 세일즈 기회의 고민에 대해 물었을 때 가망고객이 더 필요하다고 답한다면 문제가 있다. 가망고객은 누구나 더 필요하다. 탐구적 질문을 통해 고민을 파고들어야한다. 가망고객이 더 필요한 이유는 무엇인가? 오늘 얼마나 많은 가망고객을 발굴했는가? 얼마나 필요한가? 그 목표는 어떻게 설정된 것인가? '현실적인' 목표인가 '이상'에 불과한 목표인가?

양파껍질 벗기기

평가지표 중심의 세일즈 코칭과 관련 있는 중요한 개념 중에 '양파껍질 벗기기'라는 것이 있다. 각 세일즈맨의 평가지표를 검토하고 염려되는 부분을 짚어낼 때 내가 맨 먼저 하는 질문은 "더 심오한 기준을 어떻게 이용해 양파껍질을 벗기고 부족한 기술을 제대로 진단할 수 있는가?"이다.

숫자는 거짓말하지 않는다.

그림 7.3은 '양파껍질 벗기기'의 예들을 나타낸다. 왼쪽 사선 패턴에 해당하는 세일즈맨은 가망고객은 많이 확보했지만 제품 설명 단계로 연결시키는 데는 고전했다. 그렇다면 가망고객을 발굴해 제품 설명 기회로 연결시키는데 성공한 비율에 대해 '양파껍질 벗기기'를 해보자. 데이터를 나눠 가망고객 발굴이 연결로 성공한 비율과 연결이 제품 설명 기회로 성공한 비율을 따로 살펴보자. 그러면 부족한 기술을 정확히 진단할 수 있다. 가망고객 발굴이 연결로 이어진 비율이 낮다면 전화 연결에 어려움을 겪고 있다는 뜻이다. 가망고객 발굴 빈도와 개인화 기술을 연마할 필요가 있다. 또한 연결이 제품 설명 기회로 이어지는 비율이 낮다면 연결 전화에서 가망고객의 흥미를 자극하지 못하고 있다는 뜻이다. 세일즈맨의 전화 통화를 직접 지켜보면서 추가적인 진단을 내려야 한다.

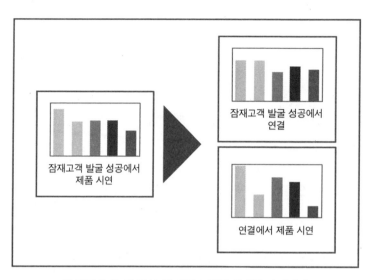

각 패턴은 한 달 동안 각 세일즈맨의 성과를 나타낸다

그림 7.3 부족한 기술 파악을 위한 '양파껍질 벗기기'

'양파껍질 벗기기'는 개인의 부족한 기술을 재빨리 파악하게 해주고 문제 영역을 정확히 파고들고 있다는 믿음을 준다.

코칭 성공 평가

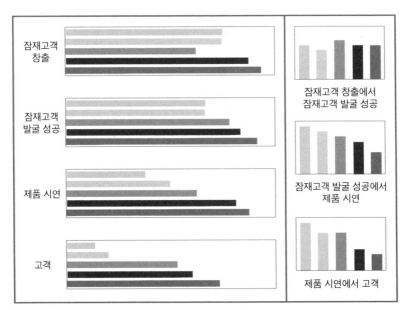

각 패턴은 한 달 동안 각 세일즈맨의 성과를 나타낸다

그림 7.4 한 달 동안 각 세일즈맨의 활동 비교

코칭 모델이 효과적인지 아닌지 어떻게 알 수 있을까? 당연히 측정이 필요하다! 그림 7.4는 앞에서 살펴본 것들과 비슷해 보인다. 하지만 일정한 시간 동안 세일즈맨들의 성과를 비교해보는 것이 아니라 각 개인의 평가지표가 월별로 어떻게 변화하는지를 보여준다. 따라서 이전의 코칭 플랜으로 돌아가 개선이 필요한 평가지표들을 살펴보고 변화 여부를 확인할 수 있다. 실제 허브스팟 세일즈맨들의 데이터를 기준으로 작성된 그림 7.4에서는 세

　　　　　　　　　　　　　　「세일즈 성장 무한대의 공식」

일즈맨과 세일즈 매니저가 이 프로세스를 성공적으로 실행하고 있음을 알 수 있다.

◆ 요약

· 세일즈 매니저의 효과적인 세일즈 코칭은 세일즈 생산성의 가장 중요한 요인이다.

· 한 번에 너무 많은 기술을 지도해주려고 하는 것이 세일즈 매니저들이 흔히 저지르는 실수다. 한 번에 하나씩 집중한다.

· 평가지표를 이용해 세일즈맨의 성과에 가장 큰 영향을 미칠 수 있는 기술개발 영역을 진단한다. 거기에 맞춰 코칭 플랜을 세운다. 평가지표 중심의 세일즈 코칭을 실시한다.

chapter 08

보상방안과 경쟁을 통한
동기부여

보상방안은 CEO나 세일즈 부사장 모두에게 가장 강력한 도구일 것이다. 허브스팟의 중요한 전략적 변화를 돌아보면 대부분이 세일즈 보상방안을 통해 실행되었다.

나는 "가장 효과적인 세일즈 보상방안은 무엇인가요?"라는 질문을 자주 받는다. 간단하지 않은 질문이다. 이상적인 보상방안은 기업이 어떤 유형의 비즈니스에 몸담고 있는가에 따라서도 다르지만 성장 단계의 어디에 있는가도 중요하다. 허브스팟은 창업 후 6년 동안 각 성장 단계마다 3가지 적절한 보상방안을 활용했다. 먼저 그 방법을 소개하겠다.

「세일즈 성장 무한대의 공식」

"세일즈 보상방안은
CEO와 세일즈 부사장이 활용할 수 있는
가장 효과적인 매출 증대 전략이다."

1번 보상방안: 고객유치 중심

허브스팟의 최초 보상방안은 신규고객 '확보'에 집중되었다. 당시 우리의 고객은 100명, 예상 연간 매출액은 겨우 30만 달러였다. 가능하면 빨리 신규고객을 확보해 제품과 시장의 궁합을 가속화하고 지속가능한 비즈니스 모델을 찾아야만 했다!

처음에는 세일즈맨이 올리는 월별 고정매출 1달러 당 2달러를 선지급하는 방법을 썼다. 예를 들어, 매달 500달러를 결제하는 고객을 확보한 세일즈맨은 그 거래만으로 1천 달러의 수수료를 받게 된다. 우리는 고객이탈을 막기 위해 4개월 회수방안을 실시했다. 즉 4개월 안에 고객이탈이 발생하면 수수료 전액을 회수하는 것이다(다음 달 수수료에서 제외). 고객이 4개월 동안만 제 자리를 지킨다면 4개월 후 빠져나가도 세일즈맨은 수수료 전액을 챙길 수 있었다. 간단하고 깔끔한 고객유치 중심의 보상방안이었다. 그것은 매우 효과적이었고 신규고객 유치에 가속도를 붙여주었다. 6개월도 채 안 되어 허브스팟 고객은 100명에서 1천 명으로 늘었다. 예상 연간매출액도 300만 달러로 증가했다. 굉장했다! 하지만 모든 보상방안에는 부작용이 따르기 마련이다. 이것도 마찬가지였다. 예상대로 고객이탈 사례가 감당 못할 수준까지 늘었다. 당연히 고객이탈은 가입 5개월째 시점에서 가장 많이 발생했다. 세일즈맨이 수수료를 안전하게 챙긴 후 말이다. 과연 우연이었을까? 나는 그렇게 생각하지 않는다. 세일즈 보상방안은 기업의 성패를 좌우한다.

2번 보상방안: 고객 성공 중심

고객유지를 위한 방안을 마련하지 않으면 안 되었다. 처음에는 데이터를 통해 상황에 대한 이해를 넓히려고 했다. 당시 신규고객들에게는 '구매 후 컨설턴트'가 배정되어 우리 서비스를 효과적으로 사용할 수 있도록 준비와 교육을 진행했다. 우리는 그 컨설턴트 중에서 특히 유능한 직원이 있다는 가설을 세웠다. 그들을 찾아내 업무 프로세스를 분석해 팀 전체에 도입하면 되었다. 그런데 '구매 후 컨설턴트'에 따른 고객이탈 사례를 분석한 결과, 팀 전체가 비슷한 경향을 보였다. 따라서 이 가설은 사실이 아닌 것으로 판명되었다.

그 다음 세일즈맨에 따른 고객이탈을 분석했다. 거기서 답을 찾을 수 있었다! 세일즈맨에 따라 고객이탈 비율은 10배까지 차이났다. 문제는 고객획득이 아닌 세일즈였다. 우리 회사의 고객유지는 세일즈맨이 목표로 삼는 고객 유형과 각 신규고객마다 설정하는 기대로 예측된다는 사실이 드러났다. 나는 곧바로 분석 결과를 세일즈 팀에 알리고 각 세일즈맨들의 고객이탈률을 비교했다. 고객유지가 우리 회사뿐만 아니라 고객들에게도 중요하다는 사실을 강조했다. 다음 분기부터 고객이탈 성과에 따라 세일즈 보상방안을 조정하겠다고 말했다. 정말 다음 분기부터 그렇게 했다. 고객이탈률이 가장 낮은 팀원과 가장 높은 팀원을 순서대로 정렬시키고 팀을 4등급으로 나누었다. 가장 성과가 높은 4분위(상위 25%)는 월간 고정매출 1달러 당 2달러를 받았지만 이제는 4달러를 받게 되었다. 나는 그들에게 말했다. "축하합니다. 여러분의 보상수수료를 2배 인상해주겠습니다. 왜냐고요? 여러분은 우리 회사에 최고 고객들을 데려오기 때문이죠. 앞으로도 계속 잘해주세요."

3분위 팀원들에게는 이렇게 말했다. "잘했습니다. 여러분은 이제부터 월간 고정매출 1달러 당 3달러를 받게 됩니다. 보상수수료 50% 인상입니다." 2분위 여러분들은 인상이 없습니다. 여러분은 앞으로도 계속 월간 고정매출 1달러 당 2달러를 받게 됩니다." 그리고 마지막으로 가장 어려운 사실을 전달했다. "성과가 가장 낮은 1분위는 월간 고정매출 1달러 당 1달러로 수수료가 차감됩니다. 왜냐고요? 여러분의 고객들이 성공하지 못하고 있기 때문입니다. 여러분의 고객들은 우리 회사에 이익을 내주지 못하고 있습니다. 또한 여러분은 고객들이 우리 서비스를 성공적으로 활용할 수 있도록 제대로 된 기대를 설정해주지 못해 결과적으로 고객의 돈을 낭비하고 있습니다. 지난 달 더 나은 고객 기대 설정 교육을 시작했죠. 여러분은 그 교육에 진지하게 임해야 할 겁니다. 그 분야의 기술을 개발할 수 있도록 회사 차원에서 도와드리겠습니다." 6개월 후 고객이탈률은 70%나 줄었다. 세일즈 보상방안은 기업의 성패를 좌우한다.

3번 보상방안: 고객충성도

두 번째 보상방안은 약 18개월 동안 매끄럽게 진행되었다. 과거에는 '제품구매에 대한 기대 설정 실패'가 고객이탈의 주요 이유였다. 하지만 두 번째 보상방안이 효과를 내면서 '제품구매에 대한 기대 설정 실패'는 고객이탈 원인에서 거의 찾아볼 수 없게 되었다. 고객이탈 자체가 크게 줄었고 이탈 이유도 우려할 만한 수준이 아니었다. 대기업 인수나 일회성 제품 버그 등이었다. 전반적으로 양호한 상태였다. 하지만 여전히 고객이탈과 관련된 보상방안이 실행되고 있었다. 당시 발생하는 고객이탈이 어쩔 수 없는 외부 사유에 의한 것이었으므로 그 보상방안은 더 이상 효과가 없었다. 고객이탈률이 가장 낮은 직원뿐만 아니라 모든 팀원이 고객의 기대를 설정하는 데 능숙해졌기 때문이다. 즉, 고객이탈률이 가장 낮은 팀원들은 운이 좋은 것뿐이었다. 보상방안에 변화가 필요한 시점이었다.

물론 고객이탈률을 계속 확인할 필요가 있었다. 팀원들 스스로 자신의 운명을 통제하도록 만들 필요도 있었다. 나는 세일즈맨의 통제와 고객 성공과 가장 관련 있는 기준이 무엇인지 생각해보았다. 당시 허브스팟의 상태로 보았을 때 그 답은 신규고객의 선불 결제였다. 대금을 월별로 지급하는 고객들은 우리의 서비스에 대한 충성도가 떨어지고 이탈률도 높았다. 반면, 연간 선불 결제 고객들은 서비스 충성도가 높아 우리 회사 매출에 크게 기여했다.

결과적으로 다음과 같은 3번째 보상방안을 도입하게 되었다.

1. 세일즈맨은 월간 고정매출 1달러 당 2달러를 받는다.
2. 수수료는 다음과 같이 지급된다:
   a. 고객 첫 달 결제 시 40%

b. 고객 6개월 째 결제 시 25%

c. 고객 12개월 째 결제 시 25%

이 방안대로라면 고객이 월 결제 회원으로 가입했을 때 세일즈맨은 1년 동안 수수료 전액을 받게 된다. 만약 고객이 1년 사용료를 선지불한다면 수수료를 한 번에 받을 수 있다. 고객 선불결제 유도와 잘 어울리는 방안이었다. 고객이 선결제하는 금액은 고객 성공을 크게 좌우할 뿐만 아니라 전적으로 세일즈맨이 통제할 수 있는 일이었다. 이 방안을 시행하기 전 우리 고객들의 평균 선불결제 기간은 2.5개월이었다. 시행 후에는 평균 7개월로 길어졌다. 고객이탈률 관리도 계속 이루어져 개선되었다. 고객들이 허브스팟에 수익을 주고 있었다. 세일즈맨들은 스스로 통제권이 커진 것을 느꼈다. 임무 성공이었다.

"완벽한 세일즈 보상방안은 없다.
기업이 어느 단계에 있는가에 따라
적합한 보상방안도 달라진다."

당신의 회사에도 똑같은 단계로 보상방안을 변화시킬 것을 권하느냐고? 당연히 아니다. 앞에서 말했듯이 세일즈 보상방안은 기업 업종, 성장 단계에 따라 다르다. 앞에서 소개한 허브스팟의 역사를 참고해 이 점을 분명히 이해하고 현실적인 방안과 그 효과의 본보기로 삼기 바란다.

새로운 보상방안

3가지 요인을 기준으로 세일즈 보상방안을 평가한다. 단순성, 적합성, 즉시성이다.

● 단순성: 세일즈맨들이 보상방안을 평가할 때 스프레드시트가 필요하면 안 된다. 지나치게 많은 변수가 포함되면 수수료를 가장 많이 좌우하는 행동이 혼란스러울 수 있기 때문이다. 그러면 어떤 보상방안이든 자신에게 가장 익숙한 방법으로 세일즈하려고 할지도 모른다. 결과적으로 기업은 세일즈맨들에게 바람직한 행동을 유도할 기회를 잃는다. 따라서 보상방안은 최대한 단순해야 한다. 어떤 결과가 보상 대상인지 분명해야 한다.

● 적합성: 다음 연도를 생각하면서 다음의 질문을 떠올린다. "우리 회사가 이루어야 할 가장 중요한 목표는 무엇인가? 고객 수? 수익성? 고객 성공? 시장점유? 신제품 유통? 새로운 시장 침투?" 그런 후, 각 목표에 맞는 세일즈 보상방안을 생각해본다. 보상방안의 위력을 과소평가하면 안 된다. 세일즈 교육을 수정하고 마케팅 자료를 재설계하고 고객 컨퍼런스 참여는 얼마든지 할 수 있다. 하지만 그런 노력에도 불구하고 기업 수익의 대부분은 세일즈 부서에서 발생하므로 적절한 세일즈 보상방안을 마련하는 것이 성공의 가장 강력한 도구가

된다.

● 즉시성: 세일즈맨들은 자신이 거둔 성공이 급여에 즉시 반영된다는 것을 직접 봐야 한다. 반대로 실패할 경우, 급여에도 즉시 타격이 있다는 사실을 알아야 한다. 좋은(나쁜) 행동과 재정적 결과의 연관성이 지체될수록 보상방안 효과는 떨어진다.

> "단순성, 적합성, 즉각성 3가지 요소를 기준으로
> 세일즈 보상방안을 분석한다."

세일즈 팀을 보상방안의 설계에 참여시켜라

계속 변화한 허브스팟의 보상방안이 성공할 수 있었던 요인 중 하나는 세일즈 팀을 설계 과정에 참여시킨 것이다. 나는 소위 '주민회의'에 세일즈 팀을 직접 개입시켰다. 주민회의는 보상방안의 변화가 필요한 이유를 공유하고 새로운 구조를 통해 이루어야 하는 목표를 전달하는 대화의 장이었다. 참여 여부는 선택이었지만 참여율이 매우 높았다. 일단 새로운 보상방안이 수행해야 할 목표를 전달한 후, 참여자들로부터 자유롭게 의견을 받았다. 브레인스토밍이 시작되었다. 회의 진행 과정에서 고려 중인 방안을 공유하고 피드백을 요청했다.

주민회의의 후속조치로 회사 위키에 페이지를 추가했다. 보상방안을 바꾸려는 이유와 새로운 방안의 목표를 설명하고 고려 중인 방안을 소개했다. 이처럼 온라인에서 아이디어와 반응에 대한 대화가 계속 이루어졌고 나도 대부분의 글에 반응했다. 덕분에 모든 팀원이 시간날 때마다 대화를 살펴보고 참여할 수 있었다. 물론 주민회의와 위키 페이지를 통해 보상방안 설계가 민주적인 과정이 아님을 분명히 밝혔다. 예를 들어, 새로운 보상방안은 투표로 정해지지 않았다. 팀원들이 개인적인 니즈에 따라 이기적으로 보상방안을 만들 수 있는 자유와 투명성을 혼동하지 않는 것이 중요했다. 나는 팀원들이 성과급을 최대한 많이 받도록 도와줄 뿐만 아니라 허브스팟이라는 조직의 이익을 보호할 필요가 있었다.

어쨌든 세일즈 부서를 개입시키는 방법은 매우 효과적이었다. 팀원들에게 새로운 방안의 필요성과 목표를 미리 알려줌으로써 미래의 변화에 대한 마음의 준비를 시킬 수 있었다. 자신의 상황에 유리하지 않더라도 대부분은 투명한 변화라는 사실을 반겼다. 팀원들로부터 훌륭한 아이디어가 나오기도 했다. 허브스팟이 실시한 모든 보상방안에는 팀원들로부터 나온 구조적 요소 하나쯤은 반영되었다. 모두 실질적으로 도움이 되는 아이디어여서 반영한 것이었다. 질과 상관없이 팀원들을 회유할 목적으로 수용한 것이 아니었다. 또한 새로운 보상방안을 함께 의논하는 과정에서 팀원들의 관점을 이해할 수도 있었다. 토론 형식에 대한 그들의 가장 큰 우려사항을 파악하고 가장 통감하는 요소도 알 수 있었다. 마침내 새로운 보상방안이 실행되었을 때 팀원들은 왜 그것이 선택되었는지 스스로 잘 알 수 있었다. 모든 아이디어에 대해 주민회의나 위키 페이지를 통해 토론이 이루어졌으므로 어떤 아이디어가 선택되지 않은 이유도 잘 알 수 있었다.

승진 단계: 승진과 보상 조정에서 주관성을 배제하라

세일즈 보상 구조에는 보상방안 외에 또 다른 중요한 요소가 있다. 바로 공식적인 경력성장 플랜이다. 어떤 세일즈맨들은 리더십 기술을 개발하려고 한다. 기업가적 측면에 대한 주인의식을 키우고 싶어 하는 사람들도 있다. 어떤 사람들은 매니저로 승진하거나 제품개발에는 관심 없고 회사에 계속 개인적인 기여자로 남기 위해 세일즈 기술을 연마하는 것을 목표로 삼는다. 일반적으로 세일즈맨의 경력 목표는 내부 세일즈에서 외부 세일즈로의 이동이 포함된다. 하지만 허브스팟은 창업 후 몇 년까지는 외부 기회가 전혀 없었다. 우리는 의도적으로 대규모 미개척 중소기업시장에 집중했고 미래고객들에게 접근하는 가장 좋은 방법으로 내부 세일즈 팀 구축에만 전념했다. 우리 세일즈맨들에게 경력 경로를 제공할 수 있는 대안이 필요했다.

대부분의 조직은 직원의 연간 성과 평가와 성과에 따른 2~4% 연봉 인상에 의존하지만 그것은 내게 너무 주관적인 방식처럼 느껴졌다. 세일즈맨의 성과는 측정 가능하므로 좀 더 양적이고 동기부여에 도움이 되는 방법을 고안할 수 있을 것이라고 생각했다. 그래서 생각해낸 것이 '성과 단계'였다. 그림 8.1은 성과 단계의 예다. 허브스팟의 실제 데이터에서 평가지표를 바꾸었지만 핵심은 그대로 들어 있다.

직위	보상	승진 필요조건
책임 관리자	기본금 4만 달러 성과급 6만달러 추가 옵션 1만 5천 달러	MRR 설치 기반 21만 달러 월 MRR 7천 달러 선결제 8개월
팀장	기본금 4만 달러 성과급 5만달러 추가 옵션 1만 달러	MRR 설치 기반 13만 달러 월 MRR 6천 달러 선결제 7개월
영업사원	기본금 4만 달러 성과급 4만달러 추가 옵션 5천 달러	MRR 설치 기반 6만 달러 월 MRR 5천 달러 선결제 6개월

그림 8.1 세일즈맨 승진 단계의 보기

표의 첫 번째 칸은 세일즈맨의 직위를 나타낸다. 두 번째 칸은 기본급과
성과급, 추가급이다. 세 번째 칸은 다음 단계 승진에 필요한 기준이다. 그림
8.1에 따르면 입사 단계의 직위는 '영업사원(sales associate)'이다. 다음 단계
인 팀장(senior sales associate)으로 승진하려면 월간 고정매출(MMR) 6만 달
러, 월간 신규 MMR 평균 5천 달러 달성, 평균 6개월분 선결제하는 신규고
객 유치 기준을 충족시켜야 한다. 3가지 기준을 모두 충족시키면 책임관리
자(Principal Sales Associate)로 승진할 수 있다. 목표 매출액도 올라가지만
수수료 수익도 올라가 수수료율과 QTE(성과급)가 커진다. 또한 승진과 함
께 스톡옵션 1천 주를 받게 된다. 승진 단계는 세일즈 보상 모델 안에 들어
있는 매우 강력한 구조였다.

일반적으로 세일즈맨들은 경쟁심이 강하고 재정적 이유가 강력한 동기로 작용하며 항상 목표를 찾아 달성하려고 한다. 우리 팀원들은 승진 단계를 진지하게 받아들이고 항상 다음 단계로 올라가려고 노력했다. 결과적으로 이 승진 기준은 내가 세일즈맨들에게 바라는 행동과 보상방안을 일치시키는 기회도 주었다. 또한 승진 단계는 조직문화에도 바람직한 역할을 했다. 매년 인사고과나 임의적이기 쉬운 수수료 인상을 관리할 필요가 없었다. 승진 단계는 주관성과 정치적 요소를 배제해 세일즈맨들이 능력껏 승진할 수 있도록 힘을 부여했다. 매주 매월 피드백 받았으므로 연간 인사고과는 필요없었다.

여기서 중요한 점은 '종신 재직권'은 승진 기준이 아니었다는 것이다. 이 것은 매우 중요한 부분이었다. 높은 성과를 올리는 대부분이 약 7개월 만에 승진했다. 다른 직원들은 2년이 걸렸다. 하지만 그것이 문제라고 생각하진 않았다. 솔직히 나는 여러 세일즈 조직에서 종신 재직권이 승진에 왜 포함되는지 이해가 안 된다. 세일즈는 측정 가능한 성적 중심 기능이므로 종신 재직권을 빼버렸다.

세일즈 콘테스트를 통한 동기부여

"마크, 우리 팀원들의 세일즈 활동량을 늘릴 필요가 있어요. 전화 통화량이 너무 적거든요. 어떡하죠?" 경쟁을 붙이는 것이 답이다. "마크, 우리 팀은 세일즈 예측을 너무 못해요. 진지하게 받아들이지 않네요. 모범 사례를 따르지 않아요. 어떻게 해야 하죠?" 경쟁을 붙이는 것이 답이다.

"마크, 이번 분기에 우리 고객들의 업무처리에 필수적인 신제품을 출시했어요. 그런데 세일즈 팀이 이전 판매방식에만 의존하고 있습니다. 어떻게 해야 하죠?" 경쟁을 붙이는 것이 답이다.

> "세일즈 콘테스트는
> 단기적 행동 유도와 세일즈 조직문화 구축에
> 효과적인 수단이 된다."

세일즈 보상방안이 배트맨이라면 세일즈 콘테스트는 로빈이다. 콘테스트는 팀의 동기부여와 바람직한 행동 유도에서 보상방안만큼 효과적이다. 지루하고 일상적인 업무 절차에 활력과 재미를 더해주기도 한다. 콘테스트는 바람직한 행동과 정렬시킬 수 있고 보상방안과 달리 일시적이며 단기간에 초점을 맞춘다. 콘테스트는 팀 문화 구축에 활용할 수도 있다. 이런 이유로 특히 팀 구축 초기에는 거의 매달 콘테스트를 실시했다. 세일즈 콘테스트 설계의 가장 모범적인 6가지 사례를 소개한다.

1. **콘테스트는 팀의 대다수에게 요구되는 단기적 행동 변화와 일치해야 한다.** 세일즈 콘테스트는 세일즈 보상방안과 마찬가지로 바람직한 행동을 유도하는 훌륭한 원동력이다. 예를 들어, 무덥고 지친 6월에 팀

원들의 슬럼프가 걱정되어 활기를 더하고 싶을 수도 있다. 보상방안으로는 힘든 일이지만 그 달의 활동을 토대로 보상해주는 방법이라면 얘기가 달라진다.

2. **콘테스트는 팀 단위 경쟁이어야 한다.** 세일즈 부서가 12명이라면 개인이 아니라 3명씩 4팀을 만들어 경쟁하게 한다. 이것은 특히 초기 팀 구축 단계에서 팀 문화에 매우 긍정적인 영향을 미친다. 허브스팟 창업 후 3년 동안 내가 주최한 콘테스트는 전부 팀 단위였다. 그것이 팀 문화에 미친 긍정적인 영향은 상당했다. 고성과자들이 뒤처지는 팀원들을 도와주는 모습을 많이 볼 수 있었다. 또한 뒤처지는 사람들은 팀을 실망시키지 않기 위해 밤늦게까지 남아 일했다. 3년 동안 팀 단위 경쟁 실시 후, 개인 성과별 콘테스트로 바꾸었다. 당시 최초로 서로 반칙행위를 고발하고 뒤에서 배신하는 행동들을 목격할 수 있었다. 곧바로 팀별 경쟁으로 돌아갔다.

3. **포상도 팀 단위로 제공하라.** 팀 단위로 경쟁하고 보상도 팀 단위로 이루어져야 한다. 리무진을 대여해 우승팀을 카지노로 데려가거나 골프를 치게 하거나 요트 여행을 즐기게 해준다. 이처럼 팀 단위로 보상이 제공되면 팀 문화에 미치는 긍정적인 영향이 극대화된다. 모두 함께 경쟁에서 이기고 함께 보상받는다. 함께 보낸 즐거운 시간이 사진에 담길 것이다. 동료에 대한 만족도도 올라가고 다음 달 콘테스트에

서도 이기고 싶은 동기가 부여된다.

4. **매일 현재 순위를 알린다.** 적어도 하루 한 번 세일즈 부서 전체에 현재 순위를 알린다! 회사 전체에 알리면 더 좋다! 이것은 매우 중요한 일이다. 매일 결과를 알리지 않으면 경쟁효과가 크게 떨어진다. 결과를 집계해 공지하는 작업이 번거로워도 매일 해야 한다.

5. **기간을 잘 선택한다.** 콘테스트 기간은 원하는 행동 변화를 이끌어내기에 충분하면서도 팀원들의 참여가 계속 유지될 정도로 짧아야 한다. 며칠은 너무 짧고 몇 주도 짧은 느낌이다. 한 분기는 너무 길다. 한두 달이 적합하다.

6. **한 번에 하나만 실시한다.** 이 부분을 간과하고 한 번에 5가지 콘테스트를 동시에 주최하면 안 된다. 중복 실시하면 콘테스트의 의미가 희석된다. 한 번에 하나씩만 실시한다.

최고의 콘테스트

허브스팟의 세일즈 부서가 커지고 회사가 새로운 성장 단계로 접어들면서 세일즈 예측이 더 중요해졌다. 안타깝게도 대다수 세일즈 조직과 마찬가지로 허브스팟의 세일즈 부서는 세일즈 예측에 뛰어나지 못했고 그것을 중시하지도 않았다. 그래서 다음과 같은 콘테스트를 열었다.

1. 팀원들을 4개 팀으로 나누었다.
2. 세일즈맨들은 가망고객에게 제품 시연을 할 때마다 과연 그 달 안에 계약이 체결될지 예측했다.
3. 그 달 안에 고객 종결이 성공할 것이라고 생각되면 화이트보드에 고객 이름을 적고 '확신 점수'를 0~100점 사이로 적었다. 자신의 추측이 맞을 가능성을 예상하는 것이다.
4. 월말에 화이트보드를 살펴봤다. 실제로 고객이 된 경우, 확신 점수가 개인 점수와 팀 점수에 더해졌다. 화이트보드에 적혔지만 실제 고객이 안 된 경우, 개인과 팀 점수에서 배제시켰다.

우승팀의 점수는 몇 점이었을까? - 70점이었다!

결과는 끝까지 가봐야 아는 법이다. 세일즈 팀은 이 콘테스트의 결과를 알기 전까지만 해도 자신들이 세일즈 예측을 얼마나 못 하는지 몰랐다. 발견 전화와 제품 시연에서 '좋은 말'만 돌아오므로 모든 가망고객이 제품을 정말 살 것이라고 생각한 것이다. 발견과 자격 부여 과정을 건너뛰는 바람에 파이프라인 관리가 허술해졌다. 이 콘테스트를 다시 실시하고 세일즈 예측 교육을 실시한 덕분에 행동과 팀 점수가 개선되었다.

◆ 요약

· 세일즈 보상방안은 CEO와 세일즈 부사장이 활용할 수 있는 가장 효과적인 매출 증대 전략이다.

· 완벽한 세일즈 보상방안은 없다. 기업이 어느 단계에 있는가에 따라 적합한 보상방안도 달라진다.

· 단순성, 적합성, 즉각성 3가지 요소를 기준으로 세일즈 보상방안을 분석한다.

· 세일즈 콘테스트는 단기적 행동 유도와 세일즈 조직문화 구축에 효과적인 수단이 된다.

「세일즈 성장 무한대의 공식」

chapter 09

세일즈 리더 양성 -
'내부 승진' 문화의 장점

"아무리 유능한 세일즈맨이더라도 관리자로 승진시키지 말라."

이것은 세일즈 임원에게 세일즈 매니저 양성에 대한 조언을 구할 때 맨먼저 듣는 말이다. 이 말은 분명히 일리가 있다. 조직 내 기능(마케팅, 제품, 재무, HR 등) 중 세일즈는 접점에서 성공을 거두는 일반적인 특징과 임원급에서 성공을 거두는 일반적인 특징 사이에 가장 큰 차이가 있다. 정말 유능한 세일즈맨은 자부심이나 경쟁심이 강할 수 있다. 이런 특징은 관리자에게 적합하지 않다. 그렇다면 저성과 세일즈맨을 임원급으로 승진시키면 효과적일까? 물론 아니다. 자신의 일도 제대로 못하는 매니저의 코칭을 팀원들이 과연 존중할까? 그렇다면 외부에서 유능한 매니저를 영입하면 어떨까? 다른 기업이라면 몰라도 허브스팟의 독특한 구매자 맥락상 효과적이지 않다고 판단되었다. 물론 우리와 비슷한 구매자들에게 비슷한 가치제안을 판매하는 팀을 성공적으로 이끈 세일즈 매니저가 있다면 분명히 채용했을 것이다. 하지만 그런 기회는 없었다. 허브스팟과 비슷한 가치제안을 판매하는 팀을 이끈 경험이 있는 인재를 찾지 못했을 뿐만 아니라 내가 원하는 세일즈 관리 모델을 운영해본 사람도 찾지 못했다.

내가 만난 세일즈 매니저들은 대부분 내가 '스웻샵(sweatshop)[4]'이라고 부르는 모델로 팀을 운영했다. 그들은 팀원들에게 '자격 요건이 충분한 가망고객과의 전화 통화'를 연결해달라고 부탁하고 스스로 종결지었다. 그들의 주 업무는 세일즈 예측과 가망고객 발굴 과정 검사였다. 그들은 훌륭한 코치가 아니었다. 분석적이지 못하고 팀원들과의 관계도 좋지 않았다. 그렇다면 세일즈 매니저를 발굴하는 가장 좋은 방법은 무엇일까? 이것은 내가 허브스팟에서 일하기 시작한 지 6개월도 안 되어 부딪힌 질문이었다. 세일즈 팀은 이미 8명으로 늘었고 매달 1명씩 더 채용하는 상황이었으므로 해결책이 시급했다.

결국 나는 교육과 승진을 통해 기존 팀원 중에서 관리자를 양성하는 방법을 택했다. 그들은 우리 회사의 구매자 맥락과 가치제안에 익숙했다. 그들은 우리 회사의 세일즈 시스템 운영방식도 잘 알아 가장 안전하고 확실한

역주4 열악한 환경에서 저임금을 받으며 노동하는 작업장

도박이었다. 고객접점에서 일하는 세일즈맨을 매니저로 양성하기 위해 세일즈 관리 프로그램을 마련했다. 세일즈 관리에 대한 도서를 많이 읽었지만 공감되는 내용은 극히 적었다. 나는 허브스팟의 세일즈 매니저들이 갖춰주길 바라는 핵심역량에 대해 생각해보았다. 코칭, 부정적인 피드백 전달, 팀 동기부여, 갈등 관리 등, 매니저들에게는 이런 기술들이 필요했다. 관리 기술뿐만 아니라 리더십 기술의 필요성도 깨달았다. 그래서 연구 방향을 리더십 쪽으로 돌렸더니 내가 찾은 자료들이 갑자기 이해되기 시작했다. 머지않아 12주 세일즈 리더십 프로그램을 마련할 수 있었다.

"내부에서 미래의 매니저를 육성할 때는
일반적인 세일즈 관리기술이 아닌
리더십 기술에 집중한다."

12주 세일즈 리더십 프로그램은 다음과 같다. 맥락을 위해 포함시켰지만 허브스팟의 특정 상황이 아닌 각 기술항목에 집중해주기 바란다.

1. 리더십 스타일을 정의하고 개발하라
   - "진정한 리더십을 발견하라"
   - 진정한 리더십 이미지 구축
   - 영화 〈정오의 출격〉
   - 강압적인 리더십과 능력 부여 리더십: 둘 다 가능하다

· 지속적인 피드백: 피드백을 얻고 활용하는 방법

2. 부하 직원에게 긍정적인 피드백과 부정적인 피드백 전달하기

· 효과적인 피드백: 메시지 구축과 전달

· 부하 직원에게 피드백 주기

3. 성공적인 모니터링과 코칭

· 〈세일즈 코칭: 세일즈 매니저에서 세일즈 코치로의 위대한 도약〉

· 성공적인 모니터링을 위한 7가지 열쇠

· 〈1분 매니저〉

· 〈기회가 온 바로 그 순간: 심리학으로 성공을 잡는 법〉

4. 갈등 관리

· 직속상사와의 갈등 관리

· 동료와의 갈등 관리

· 상사와의 갈등 관리

5. 변화 관리

· 적응성: 변화에 대한 효과적 반응

6. 팀 구축과 개발

「세일즈 성장 무한대의 공식」

- 〈좋은 기업을 넘어 위대한 기업으로(Good to Great)〉의 3장 사람 먼저… 다음에 할 일
- 팀 내 민감한 사안 꺼내기
- 팀 사기, 자부심, 활기 구축

7. 적극적 경청
- 적극적 경청: 경청하고 리드하는 능력 개선

"리더십 교육 프로그램을 마련해 세일즈맨들에게
리더로 성장할 기회를 준다."

참가자들은 다음 3가지 완수 요청을 받았다.

1. 리더십 후보자들은 매주 주제와 관련 있는 서류 준비부터 시작했다. 예를 들어, 해당 주의 주제가 '갈등 관리'라면 준비할 서류에는 갈등 시나리오가 포함되고 후보자는 그 상황에 어떻게 대처할지 설명한다. 이 준비 과정은 후보자의 리더십 본능을 시험하고 모범 사례를 접하기 전에 해당 상황에 대처하는 법을 생각하게 만드는 좋은 방법이다.

2. 리더십 후보자는 준비 서류를 제출한 후, 해당 주의 주제와 관련해 정해진 독서를 끝마쳐야 한다. 후보자는 세일즈 매니저가 되었을 때 반드

시 만나게 될 실제 시나리오마다 일반적인 모범 사례를 연결시킬 수 있어야 한다.

3. 후보자들은 독서를 끝마친 후, 나(세일즈 부서의 규모가 확장된 후에는 전문 리더십 강사)와 만나 시나리오에 대한 롤플레잉을 한다.

다음은 리더십 훈련에서 다루었던 주제별 롤플레잉의 보기다.

- **부정적인 피드백을 효과적으로 전달하기:** "당신은 방금 한 팀원이 전화 통화로 제품을 설명하는 모습을 관찰했습니다. 대단히 끔찍했어요. 해당 팀원은 통화하는 내내 책 읽듯이 제품홍보만 해댔고 제품 지식이 부족한 모습을 보였습니다. 질적인 질문이 전혀 안 나왔어요. 다음 세션에서는 이런 상황에 대한 롤플레잉을 하겠습니다."

- **직속상사와의 갈등 관리:** "팀원 1명이 2건의 신규고객을 유치했는데 2건 모두 곧바로 취소되었습니다. 따라서 2건에 대한 수수료도 회수되었고요. 2건 모두 고객 기대 설정에 문제가 생겼습니다. 하지만 해당 세일즈맨은 2건 모두 판매한 후, 담당자가 고객의 온 보딩(on boarding)[5] 과정을 제대로 실행하지 못한 것이 고객이탈의 이유라

역주5 계약 후 최초 적응 과정

고 주장합니다. 다음 세션에서는 이 상황에 대한 롤플레잉을 하겠습니다."

● **팀 사기 및 자부심 구축:** "세일즈 팀이 2분기 연속 목표 달성에 실패했습니다. 매출목표액을 채우는 팀원이 50%도 안 됩니다. 타 회사 면접을 보는 직원들도 있다는 소문이 들립니다. 팀 사기를 끌어올려야 합니다. 다음 세션에서는 이 상황에 대한 롤플레잉을 하겠습니다."

● **적극적 경청:** "팀원 1명이 복도에서 당신을 붙잡고 팀을 바꿔달라고 진지하게 요청합니다. 당신은 지금 회의가 있으니 끝나자마자 만나서 얘기하자고 말합니다. 다음 세션에서는 이 상황에 대한 롤플레잉을 하겠습니다."

리더십 고려의 전제조건

허브스팟에서는 종신 재직권을 얻는다고 해서 세일즈맨이 자동으로 임원급 교육 과정에 입문하는 것이 아니었다. 자격요건을 충족해야만 가능했다. 리더십 입문의 전제조건으로 3가지 영역을 평가했다. 성과, 세일즈 기술, 리더십 잠재력이었다. '성과'는 평가하기 가장 쉬웠다. '6개월 연속 매출목표액 초과 달성' 같은 것이었다. 최고 성과는 아니더라도 일관적으로 목표를 달성하는 것이 필수였다.

'세일즈 기술'의 경우, 다양한 상황에 훌륭하게 대처하는 일반적인 능력을 보았다. 제5장에서 말했듯이 나머지 능력은 '보통'이나 '보통 이상' 정도지만 자신만의 '슈퍼 파워'를 가진 세일즈맨들이 많았다. 밥을 기억하는가? 그는 설득하는 세일즈에는 탁월했지만 발견 전화나 프레젠테이션 능력은 보통 수준이었다. 즉, 그의 슈퍼 파워는 영업활동량이었다. 그 분야만큼은 누구보다 탁월했고 여러 차례 '이 달의 판매왕'에 선정되었다. 밥이 세일즈 매니저가 된다면 발견 전화로 고전하는 팀원을 어떻게 도와줄 수 있을까? 밥이 매니저로 성공하려면 자신의 강점과 완벽히 일치하는 8명의 세일즈맨을 찾아야 한다. 하지만 그것은 거의 불가능할 뿐만 아니라 확장하기에도 어려운 방법이다.

나는 전체적인 세일즈 프로세스를 두루 잘 이해하는 후보자를 원했다. 균형 잡힌 능력을 갖춘 리더라면 특정한 문제를 진단하고 문제에 따른 코칭 플랜을 세울 수 있을 것이다. 리더십 후보자가 다방면에 뛰어난 '세일즈 기술'을 갖추었는지 알아보기 위해 신입사원 교육용으로 고안된 세일즈 기술 인증을 활용했다. 각 기술 영역에 대한 상급 수준을 도입한 것이다. 즉, 세일즈 리더십 후보자는 모든 '세일즈 기술'의 상급 수준에 해당하는 점수를 따야 했다.

마지막으로 '리더십 잠재력'은 팀 기여도로 평가했다. 리더십 매니저가 되기 위해 반드시 팀 내에서 리더십을 발휘할 필요는 없다. 고객접점에서 활약하는 세일즈맨들은 팀 회의에서 의미 있는 질문과 답을 제시하는 것만으로도 리더십을 증명할 수 있다. 신입 세일즈맨에게 주도적으로 멘토 역할을 해주는 것도 마찬가지다. 그런 직원들은 신입사원 교육 프로그램의 일부를 담당하거나 현재 팀을 대상으로 새로운 기술교육을 실시할 수 있다. 이처럼 개인으로서 팀에 기여하는 상황에서도 후보자의 '리더십 잠재력'을 평가하는 많은 방법들이 있었다.

교실에서 현장으로

세일즈 매니저로 승진하기 위한 마지막 단계가 남았다. 세일즈맨의 채용과 개발, 관리에 대한 실전 경험이 필요하다. 나는 리더십 프로그램에 입문한 후보자들에게 팀원을 직접 뽑을 기회를 주었다. 지원자 면접을 직접 실시하고 임원들에게 보고하도록 했다. 자신이라면 누구를 뽑겠는지 말이다. 채용이 결정된 후, 리더십 후보자가 교육기간 동안 신입사원의 멘토 역할을 하고 정식근무가 시작되면 2개월 동안 관리도 맡았다. 물론 임원들의 조언도 받았다. 이처럼 후보자들은 매니저의 일상적인 역할을 직접 체험해볼 수 있었다. 관리자가 과연 적성에 맞는지 최종적으로 돌아볼 기회도 되었다. 또한 비교적 안전한 환경에서 기술개발의 기회도 되었다. 실패하더라도 단 1명의 세일즈맨에게만 신용을 잃는 것이기 때문이다. 실제로 매니저로 승진해 8명의 모든 팀원들 앞에서 실수하는 것보다 단 1명의 멘토로서 실수하는 것이 훨씬 나았다.

"정식으로 승진하기 전에 리더십 후보자가
세일즈맨의 역할을 계속 수행하는 동시에
신입사원을 채용해 교육시키고 관리해보도록 한다."

수많은 조직들은 '팀장' 지위로 리더를 개발한다. 팀장이 된 세일즈맨은 오랜 기간 소규모 팀을 관리하는 동시에 자신에게 주어진 목표매출액도 달성해야 한다. 나는 이런 방식을 별로 좋아하지 않는다. '팀장'은 2가지 역할의 균형을 맞추기 위해 분투하게 된다. 매니저로서의 자질을 해치거나 세일즈맨으로서의 성과를 해치는 둘 중 하나가 되는데 대부분 전자가 많다. 그래서 허브스팟은 책임 기간과 범위를 제한하는 방법을 택했고 훨씬 안심이 되었다.

이처럼 세일즈맨이 일시적으로 관리자의 역할도 함께 수행함으로써 세일즈 관리에 필요한 전문적인 시간관리 기술을 터득하는 데도 도움이 되었다. 마침내 리더십 후보자가 승진해 8명으로 이루어진 팀을 이끌게 되면 각 팀원에게 시간을 얼마나 할애할 수 있을까? 현실적으로 일주일에 3~4시간이다. 일시적으로 매출목표액을 달성하고 팀원 관리 업무를 동시에 해내야 하므로 코치로서 시간관리 기술을 연습할 기회가 된다.

「세일즈 성장 무한대의 공식」

초보 세일즈 매니저가 빠지는 함정

효율적인 시간관리

2개월 전 수잔은 매니저로 승진했다. 그녀는 모든 세일즈 프로세스를 완벽히 관리하는 유능한 세일즈우먼이었다. 밝은 태도로 항상 동료들의 '사기'를 올려주는 성격이었다. 하지만 세일즈 매니저로 승진한 후, 완전히 달라졌다. 빨갛게 충혈된 눈과 피로에 찌들어 곤란해 쩔쩔매는 모습으로 변했다. 놀라운 일이 아니었다. 신입 세일즈 매니저들로부터 흔히 봐온 모습이다.

신입 세일즈 매니저들은 팀원들에게 코칭해줄 수 있는 양에 대해 비현실적으로 인식하는 경우가 많다. 그들은 매니저로서의 성공은 코칭의 효율성, 즉 문제를 진단하고 맞춤형 코칭 플랜을 세우고 능률적으로 실행하는 데 있음을 빨리 깨달아야 한다. "수잔, 왜 그래요?" 내가 수잔에게 물었다. 그녀는 숨을 헐떡이며 대답했다. "마크, 하루 24시간이 너무 부족해요. 사방으로 끌어당겨졌다가 어느새 정신을 차려보면 저녁 7시예요. 눈 깜짝할 사이에 하루가 지나가버려요. 매니저들은 도대체 이런 생활을 어떻게 하는 거죠?"

내가 신입 세일즈 매니저들에게 실시하는 방법이 있다. 그 방법을 활용할 절호의 기회였다. "수잔, 부탁 하나만 들어주세요. 화이트보드에 당신이 매주 관리자로서 하는 모든 업무를 적으세요. 카테고리별로 생각해보세요. 세일즈맨들을 코칭하고 임원회의에 참석하고 팀 회의도 열어야 하죠. 일부 거래에도 개입하고 이메일도 확인하고요. 이런 업무들을 모두 기록하세요.

그 다음 각 업무마다 일주일에 몇 시간을 쓰는지 쓰세요. 일주일에 총 몇 시간이죠?" "102시간요!" 수잔이 외쳤다. "눈코 뜰 새 없이 바쁜 것도 당연하죠. 시간을 좀 줄이세요. 무엇을 줄여야 할까요? 팀 회의는 일주일에 몇 차례 반드시 가져야 하고 이메일도 쌓아둘 수는 없으니 꼭 확인해야죠. 이 것들은 꼭 필요한 시간입니다. 팀의 세일즈 기회 감독에 쓰는 시간도 적절한 것 같군요. 현실적으로 손댈 수 있는 시간은 팀원 코칭에 쓰는 시간밖에 없습니다. 매주 1명 당 6시간을 쓴다고 했는데 8명인 팀에서 그렇게 많은 시간을 쓸 수 없어요. 좀 더 능률적인 코칭 방법을 찾아야 합니다."

"초보 매니저들은 코칭에 필요한 정확한 시간을
파악해 효율적으로 실행해야 한다."

세일즈맨 시절의 영광 재현을 시도하다

거의 모든 세일즈 매니저들은 어느 시점에서는 개인적인 기여자였다. 그들은 고객접점에서 자신들의 운명을 통제했다. 곤경에 처한 분기에도 문제가 되지 않았다. 다음 분기에 스스로 활동량을 늘려 정상으로 되돌리면 되었다. 하지만 매니저가 되면서부터 직접적인 통제력을 잃었다. 팀의 세일즈맨들을 통해 목표를 달성해야 한다. 스스로 운명을 통제하던 사람들에게는 새로운 패러다임으로의 변화가 힘들 수도 있다. 그래서 그들은 어떡하는가? 중요한 전화 통화를 세일즈맨 대신 직접 하기 시작한다. "다음 제품 설명 일정을 잡아줘요. 내가 대신 할 테니. 거래를 성사시킬 거야."라는 것이다. 이런 방식은 매우 위험하다. 결국 매니저가 세일즈맨들을 억압하고 망치는 길이다. 세일즈맨들은 고객 종결 단계를 더 이상 스스로 해내지 못하므로 자신들의 능력에 대한 자신감을 잃기 시작한다. 결국 업무에 무관심해진다. "매니저에게 전화 통화를 맡기면 내 매출 목표를 달성시켜주거나 실패하겠지. 어느 쪽이든 내 잘못은 아냐."가 되는 것이다.

"초보 매니저들이 흔히 빠지는 함정에 조심한다. 코칭에 쏟는 시간을
제대로 관리하지 못하는 것, 과거의 영광을 되찾으려는 세일즈맨처럼
행동하는 것, 신입사원을 지나치게 빨리 포기하는 것이다."

이처럼 매니저가 직접 나서는 방법은 한마디로 확장성이 없다. 매니저는 인내심을 가져야 한다. 물론 세일즈맨이 가망고객의 반론을 극복하지 못하는 모습을 지켜보는 것이 고통스럽겠지만 세일즈맨의 능력개발을 위해 반드시 필요한 일이다. 넘어져 무릎이 까져도 내버려두고 나중에 코칭해줘야 한다. 매니저들은 세일즈맨들이 스스로 곤경에서 벗어나고 지나치게 의존적이지 않은 채로 생산성을 유지하는 법을 가르쳐줘야 한다. 한마디로 효율적인 코치가 되어야 한다. 부족한 기술을 진단하고 맞춤형 코칭 전략을 세우고 효과적으로 코칭해야 한다.

너무 빨리 포기하지 말라

신입사원이 교육을 끝마치고 본격적으로 업무를 시작하자마자 전화 통

화를 척척 해내고 매출목표를 초과 달성하고 적극적인 태도로 일하는 모습을 보면 정말 기분이 좋다. 모두 매니저의 자연스러운 개입만으로 가능한 일이다. 하지만 안타깝게도 모든 신입사원이 그런 모습을 보여주는 것은 아니다. 매니저들로부터 신입사원이 '잘해내지 못 한다'라는 보고가 들어오는 경우가 더 많다. 경험이 없는 매니저일수록 그런 소식이 더 빨리 들려온다.

내가 우려하는 점은 이랬다. '약한' 세일즈맨들에게 인내심을 발휘해 6개월의 시간을 더 주면 '잘해내지 못하는' 다수가 세일즈 조직의 스타로 발돋움했다. 예측성을 중시하는 나는 무척 혼란스러웠다. 나는 매니저들이 신입사원들을 너무 일찍 포기하는 것을 자주 본다. 누구나 신입사원이 교육을 끝내자마자 제몫을 해내며 승승장구하길 바랄 것이다. 하지만 '약한' 세일즈맨이더라도 효과적으로 코칭해주고 누군가 몇 달 동안 자신을 믿어준다면 능력을 발휘하는 경우가 많다.

그런 경우, 매니저들에게 해주고 싶은 조언은 세일즈맨의 부족한 기술을 골라 코칭해주고 다음날 확인해보라는 것이다. 개선된 모습이 보이고 그것이 지속되는 것처럼 보인다면 좋은 징조다. 노력은 필요하겠지만 코칭 수용 역량이 있으므로 생산적인 기여자로 발전할 수 있다는 뜻이다. 하지만 간단한 기술에 대한 코칭을 받고 응용하지 못한다면 안 좋은 신호다. 그런 경우, 해당 세일즈맨은 자신의 강점에 적합한 구매자 맥락을 갖춘 회사로 옮기는 것이 최선일 것이다.

「세일즈 성장 무한대의 공식」

◆ 요약

· 내부에서 미래의 매니저를 육성할 때는 일반적인 세일즈 관리기술이 아닌 리더십 기술에 집중한다.

· 리더십 교육 프로그램을 마련해 세일즈맨들에게 리더로 성장할 기회를 준다.

· 정식으로 승진하기 전에 리더십 후보자가 세일즈맨의 역할을 계속 수행하는 동시에 신입사원을 채용해 교육시키고 관리해보도록 한다.

· 초보 매니저들이 흔히 빠지는 함정에 조심한다. 코칭에 쏟는 시간을 제대로 관리하지 못하는 것, 과거의 영광을 되찾으려는 세일즈맨처럼 행동하는 것, 신입사원을 지나치게 빨리 포기하는 것이다.

4부
수요 창출 공식

THE SALES
ACCELERATION
FORMULA

chapter 10

수요 창출 공식 뒤집기 -
구매자가 찾아오게 하라

지난 6개월 동안 콜드 콜을 받은 적이 있는가? 있다면 그런 경험이 유쾌했는가? 세일즈맨과 대화를 했는가? 제품을 구입했는가? 최근 모르는 사람으로부터 우편물이나 이메일을 받은 적이 있는가? 그것을 열어보았는가? 그것을 받은 사실 자체가 좋았는가? 제품을 구입했는가? 지난 6개월 동안 구글에서 상품을 검색해본 적이 있는가? 그 과정이 만족스러웠는가? 구입했는가? 믿을 만한 사람의 소셜미디어에서 특정 제품을 본 적이 있는가? 그 제품을 직접 찾아보았는가? 구입했는가?

나는 그동안 수많은 사람들에게 이런 질문들을 했다. 그중에는 MBA 학생들도 있었다. 의사, 변호사, 창업자, 부동산업자들도 있었다. 하지만 직업과 상관없이 대답은 항상 똑같았다. 콜드 콜이나 원하지 않는 이메일이 상품 구입으로 이어진 경우는 매우 드물었다. 반면, 구글 검색이나 소셜미디어를 통한 대화가 대부분 구매에 영향을 미쳤다. 구매자들은 처음 2가지 질문에 해당하는 방해적인 전술을 상당히 싫어한다. 허브스팟이 '아웃바운드 마케팅(outbound marketing)'이라고 부르는 전술이다. 구매자들은 아웃바운드 마케팅을 너무 싫어한다. 차단 전화 목록에 추가하거나 DVR을 이용해 TV광고를 빠르게 넘긴다. 또한 원하지 않는 이메일은 스팸으로 등록해 차단시킨다.

오늘날 구매자들은 인터넷을 통해 힘을 얻었다. 구글과 소셜미디어도 마찬가지다. 허브스팟은 이 채널을 '인바운드 마케팅'이라고 부른다. 구매자들은 세일즈맨과 대화할 필요도 없고 광고를 안 읽어도 되며 박람회 부스를 방문하지 않아도 된다. 구매자들은 토요일 밤 집에서 심심해하다가 직장에서 겪는 문제의 해결책을 검색해볼 수 있다. 이 행동이 현대적인 세일즈와 마케팅 깔때기(funnel)[6]의 시작이다.

> "인터넷은 구매자에게 힘을 실어준다.
> 현대적인 수요 창출 전략은 아웃바운드 마케팅이 아닌
> 인바운드 마케팅에 집중되어야 한다."

역주6 소비자가 브랜드를 인식하고 충성고객이 될 때까지 거치는 각 단계

아이러니하게도 내가 세일즈 마케팅 임원들에게 세일즈와 마케팅 예산을 어떻게 사용하는지 물으면 전혀 다른 대답이 나온다. "콜드 콜이나 다이렉트 메일, 광고, 박람회 같은 아웃바운드에 얼마나 많은 예산을 씁니까?" 많은 임원들이 이런 전략에 상당히 많은 돈을 뿌리고 있다는 사실에 당황한다. "SEO나 소셜미디어 참여, 블로깅 같은 인바운드 마케팅에 얼마나 많은 예산을 씁니까?" 대부분 한 푼도 안 쓰고 있다.

고객 입장에서 보면 아웃바운드 마케팅에서 인바운드 마케팅으로의 변화가 분명한데 무슨 이유인지 기업들의 대응은 느리기만 하다. 기업들은 아웃바운드 마케팅의 효과가 점점 떨어지는 모습을 목격하고 있다. 그러면서도 수요를 창출하려는 대부분의 시도를 아웃바운드 마케팅에 쏟아 붓는다. 이런 실수를 저지르면 안 된다. 인바운드 마케팅에 투자하라. 고객이 당신을 찾아오도록 만들라.

검색 결과, 상위권 노출

비즈니스 오너들은 구글 검색 결과, 상위권에 노출되기 위해 온갖 문구를 사용한다. 그만큼 상위권 노출이 매출에 미치는 영향이 지대하기 때문이다. 궁합이 가장 잘 맞는 구매자들이 검색하는 단어와 문구의 결과에서 어떻게 상위권에 노출될 수 있을까?

검색 엔진 순위 알고리즘에 대해 간단히 살펴볼 필요가 있다. 알다시피 구글은 최초의 검색 엔진이 아니었다. 알타 비스타(Alta Vista)와 익사이트 (Excite)를 기억하는가? 그들은 검색 엔진 분야의 선두주자였다. 초기 검색 엔진들은 '메타 데이터'라는 웹 페이지의 특정 요소를 읽었다. 메타-키워드, 메타-설명, 페이지 제목 등을 비롯한 요소는 항상 사용자에게 보이는 것이 아니다. 초기 검색 엔진들은 웹 페이지에서 단순히 이 요소들을 찾아 웹 사이트의 메타-콘텐츠를 토대로 검색 결과의 순위를 매겼다. 얼핏 보기에 논리적인 접근법처럼 보인다. 하지만 웹 마케터들은 시스템을 속이는 방법을 연구하기 시작했다. 웹 사이트에 방문자를 유도하기 위해 '야구'처럼 트래픽이 높은 단어를 메타-키워드에 넣은 것이다. 시간이 흐르면서 그 전략은 '블랙 햇(black hat)'으로 불렸다. 블랙 햇이 점점 일반화되면서 사람들은 특정 단어로 검색 엔진을 '속여' 자신의 웹 사이트로 방문자들을 유도하는 데 전문가가 되어갔다. 당연히 검색어와 결과의 연관성은 크게 감소했다. 검색 엔진의 핵심가치가 위태로워졌다.

그 상황에서 구글이 등장했다. 구글은 검색 엔진을 만들면서 "웹 사이트의 연관성과 권위를 자동으로 결정하려면 웹 사이트의 어떤 특징을 이용해야 하는가?"라는 질문을 떠올렸다. 구글의 결론은 '인바운드 링크'였다. 인바운드 링크는 당신의 웹 사이트로 다시 안내해주는 다른 웹 사이트의 하이퍼링크다. 당신은 하이퍼링크를 많이 보았을 것이다. 'www.yourwebsite.com' 이런 식으로 생겼다. 구글은 다른 사람들이 많이 연결되어 있는 웹 사이트라면 매우 중요한 웹 사이트일 것이라고 판단했다. 많은 사람이 연결된 웹 사이트를 하루아침에 만드는 것은 불가능하기 때문이다.

구글은 알고리즘의 효율성을 높이기 위해 웹 사이트에 다시 연결되는 웹 사이트의 중요성을 고려했다. 예를 들어, 〈월스트리트 저널〉의 링크는 당신의 16세 조카가 만든 개인 블로그 링크보다 훨씬 중요할 것이다.

소셜미디어의 등장 이후, 구글은 검색 알고리즘에 인바운드 링크의 양과 질뿐만 아니라 소셜미디어의 영향력도 넣었다. 당신의 블로그 게시물이 소셜미디어에 자주 리트윗되거나 회사 트위터 계정에 팔로워 수가 많거나 회사 페이스북 페이지에 팬이 많다면 구글은 관심을 가질 것이다. 인바운드 링크처럼 팔로워 수가 많은 것이나 콘텐츠 참여가 많은 것은 절대로 속일 수 없다. 많은 사람이 당신을 팔로잉하고 소셜미디어 채널에서 당신의 콘텐츠를 공유하면 구글은 당신이 해당 분야의 중요 인물이라고 판단해 관련 검색을 할 때 당신을 상위 결과로 보여준다. 이것이 검색 엔진의 원리다. 많은 인바운드 링크가 필요하다. 소셜미디어에서의 권위도 많이 필요하다. 절대로 거짓으로 얻을 수 없는 것들이다. 정말 웹 사이트를 구축할 필요가 있다. 이 목표를 달성한다면 자격요건을 갖춘 유효 가망고객들이 구글 검색을 통해 당신을 찾아올 수 있다. 당신의 회사에 대한 수요가 기하급수적으로 늘고 엄청난 변화를 맞게 된다.

당신은 의아할 것이다. "하지만 어떡해야 하지? 다른 웹 사이트들에서 인바운드 링크를 늘리려면 어떡해야 하지? 소셜미디어 팔로워 수를 어떻게 늘리지?" 다음은 인바운드 링크와 소셜미디어 팔로워 수를 늘리는 데 필요한 2가지 간단한 행동이다.

1. 질적인 콘텐츠(블로그, e-북, 웨비나 등)를 자주 만든다.
2. 이미 가망고객들이 참여하고 있는 소셜미디어에서 활동한다.

2가지 전술이 인바운드 마케팅의 성패를 좌우한다.
1. 질적으로 우수한 콘텐츠를 지속적으로 제작
2. 타깃 구매자들이 참여하는 소셜미디어에서 활발히 활동

이것뿐이다. 이 간단한 전략은 당신의 수요 창출 전략을 현대화시켜줄 것이다. 당신의 회사가 현대 구매자의 습관에 맞추도록 해줄 것이다. 또한 가장 중요한 가망고객들이 당신의 회사를 찾아오도록 해준다. 구글에서 유입되는 방문자가 생기고 소셜미디어 팔로워 수도 늘 것이다. 블로그 구독자 수도 쌓일 것이다. 당신이 꾸준히 제작하는 질적인 콘텐츠를 가망고객들의 이메일로 보낼 수도 있을 것이다. 이처럼 블로그 활동과 질적인 콘텐츠 생산, 소셜미디어 참여로 구글 검색 유입량을 늘리는 노력은 인바운드 마케팅의 토대가 되고 가망고객이 직접 찾아오도록 만드는 초석이 된다.

하루아침에는 불가능한 일

기업들이 검색을 통해 방문자를 늘리려고 할 때 가장 흔히 저지르는 실수는 바로 헌신하지 않는다는 것이다. 회사 블로그와 소셜미디어 계정을 개

설하고 블로그에 2~3개의 글을 올리고 소셜미디어에서 홍보한다. 하지만 아무 변화도 일어나지 않으니 "인바운드 마케팅은 모든 회사에 통하는 게 아닌가봐."라고 생각한다. 그렇지 않다. 시간이 더 필요할 뿐이다. 수요 창출은 체중감량과 비슷하다. 5kg 감량이 목표라고 해보자. 일주일에 3번 피트니스 센터를 찾는다고 해서 5kg이 빠지지 않는다. 체중은 그대로일 것이다. 하지만 몇 달 동안 일주일에 3번씩 꾸준히 운동한다면 체중이 줄기 시작할 것이다. 더 건강해지고 활기차게 변해 운동은 자연스러운 습관으로 자리잡는다. 운동하지 않는 것은 생각할 수도 없게 될 것이다. 어쩌면 매일 할 수도 있다. 규칙적인 운동습관을 계속 유지한다면 삶에서 일어난 좋은 변화도 계속된다.

인바운드 마케팅도 마찬가지다. 첫 주에는 아무 변화도 없을 것이다. 하지만 몇 달 동안 일주일에 몇 차례씩 꾸준히 콘텐츠를 만들고 소셜미디어 활동을 한다면 결과가 나타나기 시작할 것이다. 어느덧 그런 활동이 마케팅 프로세스의 일부로 자리잡는다. 콘텐츠를 만들지 않거나 소셜미디어 활동을 하지 않는 것은 상상하기 힘들다. 횟수를 늘릴 수도 있다. 이런 습관을 계속 유지한다면 마케팅에서 일어난 좋은 변화도 계속될 것이다. 헌신하라.

콘텐츠 제작 프로세스를 마련하라

나는 앞에서 말한 인바운드 마케팅 개념을 강연에서 자주 언급한다. 강연이 끝난 후, CEO들은 이렇게 말한다. "마크, 좋은 말씀 잘 들었습니다. 일주일에 2번씩 블로그에 글을 올리라는 말씀을 메모했어요." 나는 영감을 준 사실에 들떠 이렇게 대답한다. "안타깝지만 계속 하기는 어려울 거예요." "네? 하지만 그게 핵심 아니었습니까? 그런 행동을 하라는 것 아닙니까?" 맞다. 하지만 CEO들은 바쁘다. 임원들도 바쁘다. 세일즈맨들도 바쁘다. 근무 시간도 길고 여기저기서 찾는 사람도 많다. 1~2주 동안 콘텐츠를 만들다가 더 중요한 일이 생겨 금방 그만둘 것이다.

임원들은 콘텐츠 제작 업무를 직접 맡으려고 하지 말고 콘텐츠 제작 프로세스를 마련할 생각을 해야 한다. 그 과정을 전문가에게 맡긴다. 그것이 당신이 할 일이다. 콘텐츠 제작팀을 구축하기는 결코 쉽지 않지만 일단 구축되면 가장 힘든 일이 해결된 셈이다.

앞에서 인바운드 마케팅의 개념을 체중감량에 비교했다. 어느 날 트레이너에게 전화 걸어 "오늘은 운동하러 못 가니까 저 대신 해주세요."라고 할 수는 없는 노릇이다. 하지만 콘텐츠 제작은 다른 사람의 도움을 받을 수 있다. 콘텐츠 제작 프로세스의 중요한 자원이 하나 있다. 바로 저널리스트다. 저널리스트가 수요 창출의 미래에 중요한 열쇠를 쥐고 있다! 하지만 저널리스트들을 비롯해 아무도 그 기회를 못 알아본다. 그 상황을 유리하게 이용하라. 당신이 임원으로서 할 일은 조직 내부에 저널리스트 역량을 개발하고 현대적인 수요 창출 프로세스를 마련하는 것이다. 물론 쉽지 않을 것이다. 저널리스트 역량 개발은 가장 중요하고 어려운 부분이다.

거기에는 몇 가지 선택권이 있을 수 있다. 우선 저널리스트를 정직원으로 채용할 수 있다. 유능한 저널리스트는 많지만 안타깝게도 언론 분야에서는 전통적인 기회가 점점 줄고 있다. 신문사와 잡지사들은 계속 위태로워지고 유능한 저널리스트들은 일을 찾으려고 고군분투한다. 저널리스트를 찾아 채용해야 한다. 또 다른 방법은 인턴직원을 채용하는 것이다. 언론 과정으로 유명 대학에서 학생을 찾아 금요일 반나절 동안 글을 쓰게 한다. 예산이 걱정된다면 학점으로 지불하는 방법도 있다.

그밖에 다양한 방법이 있다. 언론 분야는 프리랜서 방식 근무에 개방적이다. 프리랜서에게 글을 맡길 수도 있다. 회사에 사무담당 직원이 있는가? 일반적으로 그들은 글쓰기 실력이 나쁘지 않다. 일주일의 약 5시간 동안 소중한 콘텐츠 제작 업무를 맡기면 된다. 저널리스트를 채용할 때 당신의 회사가 몸담은 업계에 경험이 있는지 따지지 말라. 당신의 제품이나 업계, 구매자에 대한 깊은 정보나 지식이 없어도 된다. 물론 업계지식이 있다면 도움은 되겠지만 언론기술이 더 중요하다. 훌륭한 저널리스트는 상대방이 신경학자더라도 1시간 동안 질문하고 답을 얻어 흥미로운 기사를 쓸 수 있다. 반드시 특정 분야의 전문가가 아니어도 된다.

저널리스트를 찾은 후에는 '사고 리더십 위원회(Thought Leadership Committee)'를 만들어야 한다. '사고 리더십 위원회'는 저널리스트에게 업계 관련 자료를 지속적으로 제공한다. 팀원 중 업계와 상품 가치제안, 고객 니즈에 대해 잘 아는 사람이 '사고 리더십 위원회'에 들어가야 한다. 임원들은 당연히 참여해야 한다. 기술제품 판매업체라면 엔지니어가 포함되어야 할 것이다. 파트너나 외부의 사고 리더와 관계를 맺고 있다면 그들도 기여하게 할 수 있다. 고객을 직접 상대하는 세일즈맨들은 구매자를 잘 이해하므로 소중한 자원이 된다. 그들은 구매자들이 구매결정 과정의 초반 어떤 질문을 떠올리는지 알고 있다. 그 질문에 대한 답도 알고 구매자가 어떤 답에 가장 공감하는지도 알고 있다. 이 질문과 답은 블로그 기사 소재로 안성맞춤이다. 세일즈맨의 이메일에서 '보낸 편지함'을 확인해보라. 아마도 세일즈맨은 수많은 가망고객들이 구매결정 과정 내내 품는 질문에 대해 녹음이라도 한 것처럼 똑같은 답장을 보냈을 것이다. 한마디로 세일즈맨의 '보낸 편지함'에 들어있는 내용은 훌륭한 소재로 활용할 수 있다.

저널리스트와 '사고 리더십 위원회'가 갖춰지면 마지막으로 두 기능을 합쳐 콘텐츠를 꾸준히 만드는 일이 남았다. 콘텐츠 제작 프로세스의 가장 결정적인 단계라고 할 수 있다. '사고 리더십 위원회'에 15명이 있다고 해보자. 콘텐츠 제작 프로세스를 예로 들면 이렇다. 화요일 아침 9시마다 '사고 리더십 위원회' 소속 1명이 저널리스트와 1시간 동안 인터뷰한다. 틈새 주제에 대한 내용이어야 한다. 회사 제품을 주제로 삼으면 안 된다. 업계 트렌드나 구매자들이 구매결정 과정의 초기에 떠올리는 질문, 당신의 회사로부터 도움을 받을 수 있는 개인들이 공감할 만한 내용 등이 좋다. '사고 리더십 위원회'의 회원 10명이 일주일에 1명씩 인터뷰한다. 즉, 오늘 인터뷰한 사람은 10주 후 다시 하게 된다.

이 인터뷰는 다양한 콘텐츠 소재를 제공할 수 있다. 저널리스트는 1시간짜리 인터뷰만으로 해당 주제에 대해 3~5페이지 분량의 e-북을 쓸 수 있다. e-북의 해당 주제에 대해 3~5페이지 분량의 짧은 블로그 게시물을 쓸 수 있

「세일즈 성장 무한대의 공식」

다. 각 블로그 기사에 대한 인용문, 통계, 트렌드 등으로 트위터, 링크드인, 페이스북 등에 수십 개의 메시지를 올릴 수 있다. 콘텐츠가 만들어지는 데 하루 이틀 밖에 걸리지 않더라도 공개는 무려 한 달 동안 할 수 있다. 매달 첫째 날마다 소셜미디어에 글을 올린다. 블로그 기사와 연결시켜 관심 있는 사람들을 블로그로 유도한다. 블로그 기사 마지막 부분에는 "이 기사가 마음에 드셨나요? 그렇다면 저희가 같은 주제로 만든 e-북도 마음에 드실 겁니다."라는 식으로 '행동을 권하는 문구(call to action)'를 넣는다. 아마도 많은 사람이 클릭해 e-북을 무료로 이용할 수 있는 웹 사이트 페이지로 이동할 것이다. 이용자의 이름과 이메일 주소, 전화번호, 회사 URL만 있으면 바로 e-북을 이용할 수 있다.

이런 과정을 매주 반복할 수 있다. 열정이 넘친다면 일주일에 2번 또는 매일도 가능하다. 결과적으로 임직원들이 최소한의 예산과 시간을 들여 제작한 질 좋은 콘텐츠가 쏟아져 나온다. 회사의 브레인 파워를 뽑아내 디지털 페이지에서 구매자들에게 홍보한 것이다. 콘텐츠가 계속 올라올수록 소셜미디어를 팔로잉하는 잠재고객도 늘어난다. 이 장의 앞부분에서 살펴보았듯이 소셜미디어의 팔로워 수와 인바운드 링크가 늘어나면 구글 검색을 통해 당신의 회사를 찾는 구매자 수가 기하급수적으로 증가한다. 메인 페이지에서 무료로 이용가능한 e-북 덕분에 방문자의 대다수가 개인정보를 내놓을 것이다. 이것이 최고의 인바운드 마케팅이다. 예측과 확장이 가능한 수요 창출 공식이다.

이 수요 창출 전략이 얼마나 큰 영향력을 발휘하는지 그 '전후'를 비교해볼 필요가 있다. 당신의 웹 사이트에 매달 평균 1만 명이 방문한다고 해보자. 그런데 당신의 웹 사이트에는 행동을 권하는 문구가 '문의하기' 하나뿐이다. 그래서 방문자가 가망고객으로 전환되는 비율이 0.5%, 즉, 한 달에 50건뿐이다. 이것은 중소기업에서 흔히 볼 수 있는 현상이다.

> "인바운드 마케팅에 대한 책임을
> 회사의 소중한 인재들에게 떠넘기지 말라.
> 저널리스트를 채용하고 '사고 리더십 위원회'를 구성한다.
> 둘이 함께 질적으로 우수한 콘텐츠를 꾸준히 만든다."

몇 개월 동안 인바운드 마케팅에 노력했다고 해보자. 그렇다면 웹 사이트 트래픽이 몇 배 증가했을 것이다. 3배 늘었다고 해보자. 한 달 방문자가 3만 명이 되었다. 유용한 무료 e-북 제공으로 방문자에서 가망고객으로 전환되는 비율도 0.5%에서 3%로 늘었을 것이다. 한 달 방문자 3만 명과 가망고객 전환률이 3%이니 한 달 가망고객이 50명에서 900명으로 늘어난다! 이것이 인바운드 마케팅의 '획기적인' 영향력을 상징한다.

소셜미디어 참여로 콘텐츠 제작 보완

콘텐츠 제작 프로세스는 매우 효과적이다. 하지만 온라인에서 타깃 구매자들이 참여하는 토론에 참여하면 콘텐츠 영향력이 더 커질 수 있다. 타깃 구매자들은 매일 온라인에서 무수하게 많은 대화를 나눈다. 그 중 다수는 당신의 회사가 추적 구매자들에게 제공할 수 있는 가치와 관련 있다. 한마디로 소셜미디어는 매일 1분 1초마다 일어나는 실시간 컨퍼런스와 마찬가지다. 적극적으로 대화에 참여하라.

다음은 타깃 구매자들이 대화를 나누고 있을 만한 장소와 그들과의 온라인 대화에 참여하는 방법이다. 당신의 타깃 구매자들이 많이 방문하는 블로그가 있을 것이다. 그 블로그를 방문하라. 똑똑한 댓글을 남겨 대화에 가치를 더한다. 작성자명이 블로그로 연결되도록 하이퍼링크를 설정한다. 처음 남긴 글이 인기를 끌게 되면 유료 온라인 광고보다 더 큰 이익을 안겨줄 수 있다. 또한 블로거들은 게시물에 글이 달리는 것을 좋아하므로 분명히 댓글을 남길 것이다. 그들은 자신의 블로그에 의미 있는 글을 남기는 사람을 눈여겨본다. 해당 블로그에서 한동안 활동한 후, 망설이지 않고 블로거에게 이메일로 연락한다. 해당 블로거와 관계를 더 돈독히 쌓는다. 당신의 블로그에 게시물을 올려달라고 부탁한다. 반대로 그들의 블로그에 게스트 블로깅을 해주겠다고 제의해도 된다. 아마 관심을 보일 것이다. 그러면 새로운 타깃 소비자들에게 노출될 수 있다. 게다가 해당 블로거가 당신의 콘텐츠를 수용했으므로 당신은 그 블로거를 신뢰하는 방문자들에게 신뢰를 줄 수 있다. 이것이 당신에게 얼마나 큰 가치를 더해줄까?

트위터를 이용할 수도 있다. 타깃 구매자들이 팔로잉하는 트위터를 찾아 팔로잉한다. 그 트위터들을 읽고 타깃 구매자들의 관심을 끌 만한 글을 리트윗한다. 당신이 팔로잉한 대다수가 당신을 팔로잉할 것이다. 블로그처럼 이메일로 연락해 더 돈독한 관계를 맺는다. 당신의 글을 그들의 트위터에서 홍보해줄 수 있는지 물어본다. 당신이 그들의 글을 올려 홍보해준 적이 있고 그동안 질적인 콘텐츠를 선보여 왔다면 대부분 부탁을 들어줄 것이다. 한마디로 당신의 타깃 구매자들로 이루어진 그들의 팔로워 5천 명 중 다수가 자신들이 팔로잉하고 신뢰하는 트위터에 소개된 당신의 콘텐츠를 보게 되는 것이다. 이것이 당신에게 얼마나 큰 가치를 더해줄까?

　마지막으로 가망고객들이 모이는 링크드인 그룹을 찾는다. 그들이 어떤 질문을 하는지 읽어본다. 당신의 가치제안과 가장 관련 있는 질문에 답을 올린다. 제품홍보는 하지 않는다. 아니 제품에 대한 언급조차 하지 말라. 당신의 콘텐츠를 알릴 필요도 없다. 질문에 똑똑하게 답하기만 하면 된다. 가치를 더하고 도움을 준다. 해당 분야의 지식을 드러낸다. 그러면 사람들은 당신의 답변을 읽고 링크드인 프로필도 확인해볼 것이다. 당신이 일하는 회사를 찾아볼 수도 있다. 당신의 콘텐츠를 읽고 구독 신청을 할 수도 있다. 이것이 당신에게 얼마나 큰 가치를 더해줄까?

　소셜미디어 참여는 콘텐츠를 일방적으로 홍보하는 수단이 아니다. 그런 식으로 활용하면 너무 이기적이고 네트워킹이라고 할 수도 없다. 네트워킹에 탁월한 사람은 자신의 이야기만 하지 않는다. 상대방에게 질문하고 가치를 더하면서 진정한 '만남'이 이루어지도록 한다. 온라인에서도 같은 방법을 활용해보라. 나는 소셜미디어에 올리는 글의 ⅓은 우리 회사에 대한 내용이고 ⅔는 다른 사람들에 대한 내용이 되도록 한다.

롱 테일 법칙

크리스토퍼 앤더슨(Christopher Anderson)은 약 10년 전 저서 〈롱 테일 경제학(The Long Tail)〉에서 매우 중요한 이론을 소개했다. 롱 테일이란 곡선 뒤쪽에 흩어진 다수의 적은 데이터가 모여 전체 데이터의 큰 부분을 이루는 것을 말한다. 이것은 인바운드 마케팅의 성공에서 매우 중요한 개념이다. 특히 콘텐츠의 주제 선택과 관련 있기 때문이다.

그림 10.1은 롱 테일의 개념을 나타낸다. 이 차트에 맥락을 더해보자. 이 차트가 올해 판매된 책들을 나타낸다고 해보자. 그 경우, '제품'을 나타내는 x축은 올해 판매되는 모든 책을 나타낼 것이다. '인기'라고 되어 있는 y축은 각 도서의 판매량이다. x축은 판매량 순이므로 올해의 베스트셀러가 맨 먼저 나오고 나머지가 뒤따라온다. x축의 맨 오른쪽에는 올해 가장 적게 팔린 책들이 온다. 반면, 앞부분의 책들은 막대한 수익을 올렸다. 곡선 아래 부분은 올해 출간된 모든 도서가 올린 총매출이다.

총매출을 나눠보면 롱 테일의 개념을 설명할 수 있다. 곡선의 '머리' 아래쪽은 올해 가장 많이 팔린 책들이 올린 매출이다. 오프라인 서점들은 이 부분을 통해 돈을 벌어야 했다. 매장의 물품 목록에는 물리적인 한계가 있으므로 잘 팔리는 책만 파는 것이 당연할 것이다. 서점들의 잠재매출은 곡선의 '머리' 부분에 제한된다.

독자가 베스트셀러가 아닌 오래 전 나온 책을 구입하고 싶다면 더 이상 오프라인 서점을 찾아가지 않을 것이다. 재고가 없을 가능성이 크기 때문

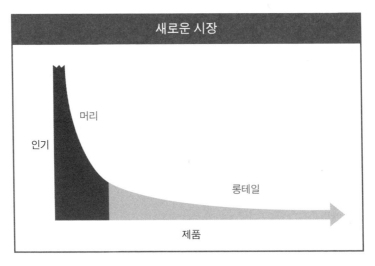

그림 10.1 롱테일 법칙

이다. 그럼 어디로 갈까? 물론 amazon.com이다. 아마존은 특히 초기에 '롱 테일' 사업으로 차별화를 추구했다. 대부분의 분야에서 꼬리 부분은 머리 부분보다 훨씬 크다. 더 중요한 사실은 경쟁도 덜 하다는 것이다. 인터넷은 기업들이 '롱 테일'을 이용해 소비자를 끌어들이도록 해준다. '롱 테일'의 개념은 넷플릭스와 블록버스터의 영화대여업, 유 튜브와 케이블TV의 비디오 콘텐츠 분야, 스포티파이(Spotify)와 베스트 바이(Best buy)의 음악 분야에도 적용된다.

그렇다면 롱 테일 법칙이 당신의 비즈니스에는 어떻게 적용할 수 있을까? 콘텐츠 제작 프로세스를 시작할 때 '머리'가 아닌 '꼬리'에 초점을 맞춰야 한다. 특히 주제를 선택할 때 그렇다. IT서비스 판매업체라면 'IT 컨설턴

「세일즈 성장 무한대의 공식」

트'나 '정보기술' 같은 문구에 집중하면 안 된다. 그것들은 곡선의 머리 쪽에 온다. 물론 매달 그런 검색어로 수백만 건의 검색이 이루어진다. 하지만 그 검색어로 상위에 오르려면 엄청나게 치열한 경쟁을 뚫어야 한다. 게다가 그렇게 유입된 방문자 중 유효 잠재고객은 극소수에 불과하다. 대신 '쉐어포인트 실행'이나 '제약회사를 위한 IT', 'VOIP(인터넷 전화) 기능 실행' 같은 단어에 초점을 맞춘다. 이런 단어를 이용한 검색은 매달 수백만 건까진 아니더라도 꽤 많다. 그리고 이런 단어로 검색하는 사람들은 경쟁이 치열한 일반적인 단어로 검색하는 사람들보다 유효 잠재고객일 가능성이 높다. 당신이 만드는 콘텐츠는 저마다 다른 롱 테일을 타깃으로 삼아야 한다. 그러면 각 콘텐츠마다 유효 잠재고객을 많이 끌어올 수 있다. 이 전략에 따라 콘텐츠를 만들수록 롱 테일의 많은 부분을 점유할 수 있다. 앞에서 말했듯이 꼬리는 머리보다 훨씬 가치가 높다.

"'롱 테일'에 해당하는 주제로 콘텐츠를 만든다.
경쟁이 덜하고 타깃 구매자를 끌어들일 가능성도 크다."

이 장에서는 수요 창출 전략을 현대화해주는 인바운드 마케팅의 기본을 설명했다. 인바운드 마케팅에 대한 더 자세한 내용은 허브스팟의 공동 창업자인 브라이언 홀리건과 다르메시 샤가 쓴 〈인바운드 마케팅(Inbound Marketing)〉을 읽어보기 바란다.

◆ 요약

· 인터넷은 구매자에게 힘을 실어준다. 현대적인 수요 창출 전략은 아웃바운드 마케팅이 아닌 인바운드 마케팅에 집중되어야 한다.

· 2가지 전술이 인바운드 마케팅의 성패를 좌우한다.
  1. 질적으로 우수한 콘텐츠를 지속적으로 제작
  2. 타깃 구매자들이 참여하는 소셜미디어에서 활발히 활동

· 인바운드 마케팅에 대한 책임을 회사의 소중한 인재들에게 떠넘기지 말라. 저널리스트를 채용하고 '사고 리더십 위원회'를 구성한다. 둘이 함께 질적으로 우수한 콘텐츠를 꾸준히 만든다.

· '롱 테일'에 해당하는 주제로 콘텐츠를 만든다. 경쟁이 덜하고 타깃 구매자를 끌어들일 가능성도 크다.

chapter 11

인바운드 관심 고객을
매출로 연결시켜라

매달 적어도 5번은 허브스팟의 고객담당 매니저들로부터 다음과 같은
이메일을 받는다.

마크에게,

한 고객의 일로 도움이 필요합니다. 6개월 전 우리 허브스팟에 가입한
고객인데 인바운드 마케팅을 잘하고 있습니다. 가입 당시만 해도 웹사이트
를 통해 유입되는 잠재고객이 매달 수십 명에 불과했지만 지금은 500명이
넘죠! 그런데 문제는 세일즈맨들이 잠재고객들을 반기지 않는다는 겁니다.

그 중에서 유효고객이 너무 적다는 거예요. 그쪽 마케팅 담당자와 세일즈 담당자와 직접 통화하셔서 문제를 알아봐주실 수 있나요?

나는 그들에게 당연히 도움을 주었다. 그런데 매번 문제점이 똑같았다. 마케팅 부서가 잠재고객을 다루는 방식이나 세일즈 부서가 잠재고객을 다루는 방식이 문제였다. 이 장에서는 2가지 경우의 문제를 자세히 살펴보겠다.

관심고객의 매출 연결과 마케팅 부서의 역할

인터넷은 구매자들에게 힘을 실어주었다. 구매결정 과정의 초기 단계는 온라인에서 이루어지는 경우가 많다. 따라서 판매 과정에서 마케팅 부서의 역할도 중요해진다. 가망고객을 발굴하고 정확한 타이밍에 세일즈 부서에 넘겨야 한다. 다음은 마케팅 부서가 세일즈 부서와 공동으로 관심을 매출로 연결시키기 위해 따라야 할 가장 중요한 모범 사례다.

가장 흔한 실수: 모든 잠재고객을 세일즈 부서로 넘기지 말라

당신이 이 장의 첫 부분에 나온 마케팅 책임자라고 해보자. 6개월 만에 회사 웹 사이트를 통한 잠재고객이 한 달 수십 명에서 500명으로 증가했다. 당신은 영웅이다! 당신은 회사에 엄청난 성공을 안겨줄 것이다. 당연히 잠재고객들을 최대한 빨리 세일즈 부서로 넘겨 매출을 올리고 싶을 것이다.

그림 11.1 아웃바운드 세일즈 대 인바운드 세일즈

하지만 문제가 하나 있다. 인바운드 마케팅으로 유입된 모든 사람이 유효고객은 아니라는 점이다. 인바운드로 발굴된 가망고객과 아웃바운드로 발굴된 가망고객의 차이를 살펴보자. 그림 11.1을 보면 도움이 될 것이다.

아웃바운드 세일즈는 왼쪽이다. 아웃바운드 세일즈는 '적합한' 가망고객 목록으로 시작한다. 만약 포춘 5,000대 통신업체가 타깃 고객이라면 포춘 5,000대 통신업체 CEO 리스트를 구매할 것이다. 그 다음 세일즈와 마케팅 부서는 단 1%만이라도 아웃바운드 판매방식에 반응하길 바라면서 이메일과 타깃 광고, 콜드 콜을 통해 적극적으로 접근할 것이다. 여기에 반응하는 사람들 중에는 해결하고 싶은 '골칫거리'가 있을 수도 있다.

인바운드 세일즈는 오른쪽이다. 보다시피 아웃바운드 세일즈와 정반대 모양이다. 아웃바운드 마케팅으로 발굴된 대부분의 가망고객들은 해결해야 할 '골칫거리'가 있다. 그렇지 않다면 구글 검색을 통해 블로그 기사를 읽고 e-북을 다운로드받지 않았을 것이다. 하지만 모든 인바운드 잠재고객이 적합한 것은 아니다. 물론 그중에는 완벽한 가망고객들도 있다. 어쨌든 포춘 5,000대 통신업체 임원들이기 때문이다. 그렇다면 더할 나위 없이 좋다. 올바른 기업의 올바른 담당자이고 당신의 제품이 해결해줄 수 있는 문제를 안고 있기 때문이다. 하지만 유입된 잠재고객 중에는 부적합한 사람들도 있다. 예를 들어, 아시아에서 박사 과정을 밟고 있는 학생이 논문 연구에 필요해 검색했을 수도 있다. 그들은 절대로 구매자로 연결되지 않을 것이다. 하지만 관심고객의 일부가 유효고객이 아니라고 해서 인바운드 마케팅이 실패라는 뜻은 아니다.

좀 더 올바른 방향으로 관리가 필요할 뿐이다. 이 장에서 소개한 사례, 인바운드 마케팅으로 매달 500명의 관심고객이 생기는 회사의 마케팅 부서로 돌아가보자. 극단적인 예로 유효고객이 그 중 10%인 50명뿐이라고 해보자. 그 50명은 최적의 가망고객이다. 그들은 당신의 기업이 해결해줄 수 있는 '골칫거리'가 있으므로 완벽한 '궁합'이다. 아웃바운드 관심고객과 비교해 절반의 시간으로 매출을 2배나 올리게 해줄 것이다. 매우 좋은 상황이다!

하지만 곤란한 문제가 있다. 50명은 훌륭한 유효 잠재고객이고 450명은 그렇지 않은데 마케팅 부서가 500명을 모두 세일즈 부서로 넘긴다면 세일즈 부서는 그 500명을 모두 싫어할 수밖에 없다. 단 1명의 유효고객을 찾기 위해 10명이나 되는 관심고객을 상대해야 하므로 짜증날 것이다.

그 과정을 개선해보자. 마케팅 부서가 관심고객을 걸러내 그 중 가장 적합한 50명만 넘긴다면 세일즈 부서는 두 팔 벌려 환영할 것이다. 마케팅 부서를 칭찬하면서 임원들에게 마케팅에 더 투자하자는 제안까지 할 것이다. 인바운드 마케팅의 초기 단계에서 관심고객을 걸러내는 과정은 정교하지 않아도 된다. 마케팅 부서 직원이 관심고객을 선별해 가장 적합한 고객을 세일즈 부서로 넘기면 된다. 인바운드 마케팅의 초기 단계에는 관심고객의 흐름이 많지 않으므로 수작업으로도 충분히 가능하다. 관심고객 유입이 증가하면 더 정교한 기법이 필요한데 그 부분은 장의 후반부에서 살펴보겠다.

관심고객 평가 시스템을 조심하라

대부분의 기업들은 인바운드 마케팅으로 유입되는 관심고객의 흐름이 늘면 점수평가 시스템을 도입한다. 일반적으로 관심고객 평가 시스템은 똑똑한 선택이라고 할 수 있다. 하지만 득보다 해가 되는 경우가 많다. 평가 시스템이 지나치게 복잡하면 문제가 발생한다. 흔한 일이다. 예를 들어, 마케팅 부서가 '50점 이상의 잠재고객만' 세일즈 부서로 넘긴다고 해보자. 이것만으로는 전혀 해롭지 않아 보인다. 하지만 50점이 과연 무엇을 의미할까? 점수 시스템이 어떤 알고리즘으로 이루어지는가?

점수평가 알고리즘은 대부분 지나치게 복잡한 요인들을 토대로 한다. 예를 들어, 관심고객이 이메일 주소를 제공하면 2점이 추가된다. 제품가격을 확인하면 7점, 제품 설명을 요청하면 10점, e-북을 다운로드 받으면 5점이다. 다운로드를 추가할 때마다 2점씩 올라간다. 한마디로 50점 이상이나 이하를 기록하게 하는 항목이 너무 많다. 그런 상황이라면 50점 이상의 잠재고객만 세일즈 부서로 넘기는 것이 올바른 선택인지 어떻게 알 수 있을까? 점수평가 방법에 따라 토요일 밤 e-북을 20회 다운로드받은 스타트업 기업의 인턴사원은 세일즈 부서로 넘겨지고 한 페이지만 보고 제품 설명을 요청한(하지만 이후 행동은 하지 않은) 중요한 개인은 세일즈 부서로 넘겨지지 않을 수도 있다.

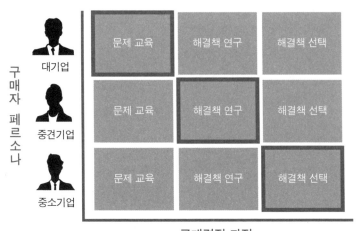

그림 11.2 구매자 페르소나 / 구매결정 과정 매트릭스

허브스팟도 점수평가 시스템을 시도했다가 똑같은 문제에 직면했다. 결국 시행착오를 거쳐 '구매자 페르소나 / 구매결정 과정' 매트릭스 줄여서 '구매자 매트릭스'라고 부르는 대안을 실행하게 되었다. 그림 11.2는 구매자 매트릭스의 보기이다. y축은 기업이 타깃으로 삼는 구매자 페르소나를 나타낸다. 구매자 페르소나는 주로 구매자의 변하지 않는 특성으로 정의된다. 회사 규모, 업종, 구매자의 역할 등이 포함된다.

그림 11.2에서는 3가지 구매자 페르소나(마케팅을 통해 다가가고자 하는 사람들의 전형 또는 목표 고객 안에서 눈에 띄는 그룹을 대표하는 가

상의 인물)를 목표로 한다. 중소기업, 중견기업, 대기업이다. x축은 구매결정 과정이 진행되는 단계를 나타낸다. 이 단계는 바뀔 가능성이 있다. 최대한 빨리 바뀌는 것이 좋다. 보기에서는 구매결정 과정이 3단계로 이루어진다. 문제 교육, 해결책 연구, 해결책 선택이다.

구매자 페르소나와 구매결정 과정이 파악되면 구매자 매트릭스가 정해진 것이다! 3×3 매트릭스는 9가지 '구매자 상태'를 제시한다. 구매자 페르소나가 놓인 특정 구매 단계를 보여준다. 이제는 구매자 유형과 단계에 따라 우리 회사에 대한 구매자들의 경험을 맞춤화할 수 있다. 구매자의 상태에 따라 마케팅과 세일즈, 제품, 고객 지원을 맞출 수 있는 것이다. 예를 들어, 잠재고객이 '중소기업 / 문제 교육' 상태라고 해보자. 고객의 상태를 토대로 우리 회사와의 경험을 맞춤화해야 한다. 그 구매자는 우리 웹 사이트를 방문했을 때 2014년 중소기업 마케팅 트렌드에 대한 e-북을 다운로드 받으라는 '행동 권유 문구'를 볼 것이다. 그렇다면 세일즈맨은 그 구매자와 연결되었을 때 구매결정 과정 초기의 구매자들을 위해 마련한 부수적인 도움 수단을 언급해야만 한다.

반면, '중소기업 / 해결책 선택' 상태의 잠재고객이라면 웹 사이트에서의 '행동 권유 문구'가 업계 중소기업 고객의 사례 연구를 읽는 것이 되어야 한다. 세일즈 부서는 그 구매자를 상대할 때 유사고객들이 우리 제품을 사용해 얻은 효과를 요약한 ROI 보고서를 언급해야 한다. 그러면 해당 상태에 놓인 잠재고객의 경험이 최적화된다.

매트릭스를 고안할 때는 처음부터 구매자 상태와 완벽히 맞추고 철저히 검증된 경험을 만들어야 하는 부담감을 느끼지 않아도 된다. 각 칸마다 기본적인 내용을 실행하면 된다. 직관을 믿고 이론을 만들어나가라. 기본적인 이론이 갖춰지면 각 구매자 상태에 따라 전술 성과를 평가하는 방법을 마련한다. 각 구매자 상태마다 한 달 내 구매자가 몇 명인가? 구매결정 과정에서 앞으로 진행하는 사람들은 얼마나 되는가? 정체되거나 빠져나가는 사람은 몇 명인가? 얼마 후 어느 부분에서 정체되는가?

제대로 정의된 구매자 매트릭스 평가지표는 구매자 상태를 한 번에 하나씩 살펴가면서 매트릭스 전체를 분석하고 시험하고 최적화하도록 해준다. 어떤 구매자 상태가 효율성이 가장 떨어지고 개선이 필요한지 평가하는 시간을 갖는다. 구매자 상태 중 하나를 골라 성과를 분석한다. 구매자 상태에서 앞으로 빠르게 나아가는 구매자들을 자세히 살펴본다. 그들이 어떤 콘텐츠를 소비했는가? 어떤 행동을 했는가? 그들의 상태 변화를 가속시키기 위해 당신은 어떤 행동을 했는가? 그 다음에는 정체 상태인 구매자들을 살펴본다. 전화를 걸어 그들이 구매결정 과정에서 앞으로 나아가지 못하도록 막는 요소를 알아본다. 문제 해결 이론을 만들고 실험한다. 최적화하고 개선해 다음 구매자 상태로 이동한다.

세일즈 부서로 넘기는 타이밍을 구매자 매트릭스로 결정하라

구매자 매트릭스가 제대로 갖춰진 상태에서 이 질문으로 돌아가보자. 관심고객 유형에 따라 세일즈 부서로 언제 넘겨야 하는가? 매트릭스의 맥락에서 이 질문을 살펴보자. 각 페르소나부터 시작하자. '대기업' 페르소나의 잠재고객을 처음 '문제 교육' 단계에서 세일즈 부서로 넘긴다고 해보자. 높은 매출을 올려줄 가능성이 있는 기회임을 직관적으로 알 수 있다. 포춘 500대 기업의 직원이 우리 웹 사이트를 방문하고 블로그를 구독하거나 소셜미디어에서 우리 회사를 언급했다면 세일즈 부서는 즉시 연락하고 싶을 것이다.

'중견기업' 페르소나의 경우, '해결책 연구' 단계에서 잠재고객을 세일즈 부서에 넘기고 싶다고 해보자. 중견기업들은 대기업 고객보다 잠재매출이 떨어진다. 마케팅 부서는 문제 교육 단계에서 이들을 육성할 필요가 있다. 구매자 행동에서 해결책 연구 단계에 이르렀다는 징조가 나타나면(제품 정보 다운로드나 제품 설명 요청 등) 세일즈 부서로 넘겨질 것이다.

'중소기업' 페르소나의 경우, '해결책 선택' 단계일 때 세일즈 부서로 넘겨져야 한다고 해보자. 중소기업들은 한정된 예산으로 매출 잠재력도 제한적이다. 하지만 그런 기업들은 매우 많다. 마케팅 부서는 문제 교육은 물론 해결책 연구 단계에서 그들을 육성해야 한다. 해결책 선택 단계에 이르렀음을 알 수 있을 때(제품 무료체험 기회를 적극적으로 활용) 세일즈 부서에 넘겨질 것이다. 이처럼 이론을 갖춘 후, 그에 따라 잠재고객을 세일즈 부서로 넘겨 성공률을 측정해본다. 각 페르소나의 성공률이 매우 낮다면 '세일즈 부서 연결' 단계를 매트릭스의 오른쪽으로 옮기는 방안을 고려한다. 세일즈 부서에 넘기기 전, 잠재고객을 다음 단계까지 더 육성해달라고 마케팅 부서에 요청해야 한다. 고객전환률이 높은 페르소나는 '세일즈 부서 연결'을 매트릭스의 왼쪽 단계로 옮기는 방안을 고려한다. 즉, 더 일찍 세일즈 부서로 넘긴다!

그림 11.3은 구매자 페르소나에 따른 잠재고객의 전환 과정을 보여준다. 이 분석은 1분기에 생성된 모든 관심고객을 토대로 3분기 말에 실시된다. 따라서 이 관심고객들은 구매결정 과정에서 충분한 시간을 거쳤다.

구매자 페르소나	세일즈 부서로 넘겨진 잠재고객	잠재고객에서 고객으로	고객	총매출	고객 당 매출
대기업	1,500	3%	45	$31.5M	$700K
중견기업	7,000	6%	420	$84M	$200K
중소기업	11,000	20%	2,200	$88M	$40K

깔대기 효과

그림 11.3 잠재고객이 세일즈 부서로 넘겨지는 시기 분석

대기업 페르소나를 살펴보자. 문제 교육 단계에 다다른 신규 잠재고객은 총 1,500명으로 1분기에 세일즈 부서로 즉시 넘겨졌다. 3분기 말에는 3%인 45명이 고객으로 전환되었다. 각 고객의 연간 계약 규모는 평균 70만 달

「세일즈 성장 무한대의 공식」

러였다.

중견기업의 경우, 7천 명의 잠재고객이 해결책 교육 단계에 이르렀고 1분기에 세일즈 부서로 넘겨졌다. 3분기 말 6%인 420명이 고객으로 전환되었다. 각 고객의 연간 계약 규모는 평균 20만 달러였다.

중소기업의 경우, 1만 1천 명이 문제 선택 단계에 이르렀고 1분기에 세일즈 부서로 넘겨졌다. 3분기 말 20%인 2천 2백 명이 고객으로 전환되었다. 각 고객의 연간 계약 규모는 평균 4만 달러였다.

고객전환률 관련 자료가 있다면 각 구매자를 세일즈 부서로 넘길 최적의 타이밍을 알 수 있다. 예를 들어, 이 자료에서 도출되는 결론 중 하나는 중소기업의 고객전환률이 매우 높다는 사실이다. 어쩌면 우리는 중소기업의 잠재고객들에게 너무 늦게 전화하거나 해결책 선택 이후 진전을 보이지 않은 유망고객들에게 전화하지 않았는지도 모른다. 물론 이 가설을 실험해볼 수 있다. 중소기업 구매자들이 해결책 선택 단계에 이르기까지 기다리지 않고 문제 교육 단계에 이르렀을 때 세일즈 부서로 넘겨보는 것이다. 이 실험으로 중소기업의 잠재고객 3만 명이 문제 교육 단계에 이르렀고 세일즈 부서로 넘겨졌다고 해보자. 몇 분기 후, 겨우 5%인 1천 5백 명이 고객으로 전환되었다. 각 고객의 연간 계약 규모는 똑같이 평균 4만 달러였다. 그렇다면 실험은 실패한 것이다. 중소기업의 잠재고객들이 해결책 선택 단계에서 세일즈 부서로 넘겨졌을 때 2천 2백 명이 고객으로 전환되었고 연평균 구매액은 4만 달러였다. 그들로부터 8천 8백만 달러 매출을 올렸다. 이 실험 도중 중소기업의 잠재고객들은 문제 교육 단계에서 세일즈 부서로 넘겨졌다.

1천 5백 명이 고객으로 전환되었고 연평균 구매액은 4만 달러였다. 그들로부터 6천만 달러 매출을 올렸다. 해결책 선택 단계에서 잠재고객들을 세일즈 부서로 넘겼을 때 성과가 더 높았다. 문제 교육 단계에서 넘겼을 때는 잠재고객이 너무 많아 세일즈 부서의 효율성이 떨어지는 기회에 많은 시간을 낭비했다. 결과적으로 매출생산성이 떨어졌다.

세분화로 구매자 매트릭스 전문가 되기

지금 소개한 보기는 간단한 구매자 매트릭스에서 시작했다. 처음 시작할 때는 그렇게 하는 것이 좋다. 하지만 구매자 매트릭스를 자세히 이해하면서 단순한 모델로는 수용할 수 없는 복잡한 행동이 있다는 사실을 알게된다. 예를 들어, 대기업의 구매결정 과정에는 다수가 개입하기 마련이다. 당연히 저마다 관심사도 다르다. 재무, 마케팅, IT부서가 의사결정에 영향을 미칠 것이다. 구매자 매트릭스에서 이 모든 영향력을 어떻게 반영시켜야 할까? 또한 중소기업들의 업종도 기술, 금융, 건강관리 등 다양할 것이다. 각업종마다 구매결정 과정에 고유 관점이 있다. 서로 다른 업계를 구매자 매트릭스에 어떻게 반영해야 할까?

구매자 매트릭스에 익숙해지면 복잡한 문제들을 해결하기 위해 세분화할 수 있다. 앞에서 언급한대로 다수가 의사결정에 영향을 미치는 대기업을 예로 들어보자. 축 전체를 새로 만들어보자. y축을 마케팅, IT, 재무 등 여러 영향력 행사자라고 해보자. 구매결정 과정은 똑같이 유지될 것이다. 이제 개인의 경험을 좀 더 맞춤화할 수 있다. 단계에 따라 IT 매니저와 마케팅 최종소비자에게 다른 콘텐츠를 보여줘야 할 것이다.

관심고객 매출 연결과 세일즈 부서의 역할

마케팅 부서와 마찬가지로 세일즈 부서는 인바운드 잠재고객을 다루는 전략에 유기적인 변화가 필요하다. 세일즈맨들이 인바운드 잠재고객들에게 맞춤 전략을 세울 때 많은 어려움을 겪는 것은 전통적인 세일즈 교육이 인바운드 잠재고객들에게 안 통하는 데 있다. 전통적인 전략은 세일즈에 오히려 해가 될 수 있다. 인바운드 잠재고객을 상대할 때 가장 해로운 기존 판매 전략의 3가지 측면은 다음과 같다.

엘리베이터 피치는 집어치워라 - 맥락으로 리드하라

당신의 이름이 세일즈맨의 전화목록에 들어간 적이 있는가? 그 세일즈 맨으로부터 몇 주 동안 다량의 음성메시지를 받았는가? 그 음성메시지에 대해 생각해보자. 가치가 있었는가? 도움이 될 만한 것을 배웠는가? 아니면 엘리베이터 피치의 복사본에 불과한 내용이었는가? 나는 매일 여러 세일즈 맨들로부터 하루 약 20통의 콜드 콜을 받는다.

어떤 식으로 통화가 이루어지는지 예를 들어보겠다.

[화요일 오후 9시]

"안녕하세요, 마크. XYZ 회사의 존입니다. 세일즈 팀이 잠재고객에게 전화를 걸 때 의사결정자들에게 접근할 수 있게 하고 싶은가요? 저희 회사는 포춘 500대 기업의 의사결정자 수백 명의 이름과 연락처를 제공할 수 있습니다. 데이터의 정확도를 최대로 높이는 최신기술을 보유하고 있죠. 오늘 연락주시면 샘플 목록을 보여드리겠습니다."

[목요일 오전 8시]

"안녕하세요, 마크. XYZ 회사의 존입니다. 세일즈 팀이 잠재고객에게 전화를 걸 때 의사결정자들에게 접근할 수 있게 하고 싶은가요? 저희 회사는 포춘 500대 기업의 의사결정자 수백 명의 이름과 연락처를 제공할 수 있습니다. 데이터의 정확도를 최대로 높이는 최신기술을 보유하고 있죠. 오늘 연락주시면 샘플 목록을 보여드리겠습니다."

[월요일 오전 10시]

"안녕하세요, 마크. XYZ 회사의 존입니다. 저희 회사가 포춘 500대 기업 의사결정자 수백 명의 이름과 연락처를 제공할 수 있다는 사실을 기억하실 겁니다. 데이터의 정확도를 최대로 높이는 최신기술을 보유하고 있죠. 목록을 보여드리고 싶네요. 오늘 시간되시면 전화주세요."

고문이 따로 없다! 이런 내용의 음성메시지는 듣고 있기 힘들다. 나는 매일 똑같은 메시지를 남기는 것은 상상조차 할 수 없다. 이 방법은 현대의 가망고객 발굴 방법으로 부적합할 뿐만 아니라 인바운드 관심고객의 경우, 죽음을 부르는 키스와 다를 바 없다. 당신의 마케팅 팀은 관련 있는 질적인 교육 콘텐츠를 통해 이 구매자를 끌어들이기 위해 상당한 시간과 비용을 투자했을 것이다. 구매자는 당신의 블로그와 e-북을 숙독하고 당신의 회사가 비슷한 구매자들의 문제 해결을 도와주기 위해 만든 웨비나(Webinar)에 참여하면서 지금까지 좋은 경험을 했을 것이다. 구매자는 당신의 회사가 자신의 문제 해결을 도와줄 수 있는 똑똑하고 유익한 회사라고 인식할 것이다.

일반적인 교육을 받은 세일즈맨이라면 그런 가망고객에게 앞에서 언급한 내용의 음성메시지를 남길 것이다. 그러면 대참사가 일어난다! 실제로 '쾅!' 효과음을 넣고 싶은 심정이다. 마케팅 부서가 그동안 기울인 노력이 와르르 무너진다. 허브스팟 세일즈맨이 남기는 음성메시지가 어떤 순서로 진행되는지 살펴보자.

[화요일 오전 9시]

"안녕하세요, 존. 허브스팟의 마크입니다. 저희 페이스북에서 마케팅 모범 사례에 대한 e-북을 다운로드하셨더군요. 당신의 회사 페이스북을 둘러봤는데 몇 가지 개선점을 제안해드릴 게 있습니다. 이메일로 보내드리죠. 더 자세한 이야기를 원하시면 전화주세요."

[목요일 오후 3시]

"안녕하세요, 존. 허브스팟의 마크입니다. 좋은 소식입니다! 저희 고객들 중에 페이스북 마케팅 전략으로 엄청난 성공을 거둔 동종업계 사례를 찾았습니다. 지금 자료를 보내드릴 테니 어떤 전략을 활용했고 어떤 결과를 얻었는지 확인해보세요. 함께 살펴보고 싶으시면 전화주세요."

[월요일 오후 12시]

"안녕하세요, 존. 허브스팟의 마크입니다. 저희 회사의 마케팅 분석 소프트웨어로 지난 번 말씀드린 사례 고객의 소셜미디어 존재감을 존의 회사와 비교해보았습니다. 그 고객의 점수는 87점이고 존의 회사는 54점이 나왔습니다. 지금 보고서를 보내드리겠습니다. 페이스북 말고 좀 더 넓은 소셜미디어에 존의 회사를 위한 기회가 많이 있습니다. 보고서 내용을 보면서 자세한 이야기를 원하시면 전화주세요."

이런 식이다. 해당 구매자의 맥락을 중심으로 이루어지는 방식과 기존의 뻔한 엘리베이터 피치에 불과한 방식을 비교해보라. 당신이라면 어느 쪽 세일즈맨과 관계를 형성하고 싶은가? 구매자의 맥락을 이용한 세일즈 방식은 가망구매자가 지금까지 당신의 회사와 경험한 것과 완벽히 일치한다. 교육적이고 통찰을 제공하며 구매자의 맥락과 맞춤화되어 있다. 구매자로서는 이런 세일즈맨을 선택하는 것이 올바른 다음 단계처럼 느껴질 것이다.

세일즈맨은 연속적인 음성메시지와 이메일로 구매자와 연락을 시도할 때 그 과정을 대화처럼 다뤄야 한다. 구매자가 항상 전화를 걸어오는 것은 아니지만 대부분 음성메시지를 듣긴 듣는다. 따라서 음성메시지를 남길 때마다 새로운 정보를 추가해야 한다. 당신의 회사에 대한 구매자의 경험 상태에 메시지 내용을 맞춰야 한다.

사실 우리 허브스팟은 맥락적인 가망고객 발굴에 유리한 입장이었다. 우리 잠재고객들의 진짜 고민은 바로 공개 정보였다. 우리는 가망고객의 소셜미디어 존재감, 검색 결과 순위, 회사 블로그의 효율성이 어느 정도인지 그들과 직접 이야기하지 않고도 알 수 있었다. 모든 세일즈 팀에게 주어지는 사치는 아니다. 하지만 그렇다고 해서 가망고객을 발굴할 때 맥락적 접근법을 이용할 수 없다는 뜻은 아니다. 고객이 당신의 회사를 어떻게 찾는지, 어떤 블로그 기사를 읽는지, 어떤 e-북을 다운로드받는지 살펴봄으로써 그들의 맥락을 이해할 수 있다. 세일즈맨은 이런 행동을 통해 고객의 구체적인 관심사를 추론할 수 있다. 그들의 관심사와 관련 있는 콘텐츠를 공유하라. 그들의 사업체와 업계, 역할의 규모와 콘텐츠를 맞춘다. 다음 단계가 제품 설명이 아니라 그들의 관심 주제에 대한 무료상담이 되도록 하라. 내부 전문가에게 도움을 요청한다. 그에게 가망고객 프로필을 보내고 전화 연결을 해준다. 맥락적 방법으로 고객과 상호작용할 수 있는 방법은 매우 다양하다.

이렇게 음성메시지를 남기는 순서와 관련된 중요 요소에는 구식 판매 전략에 뿌리를 둔 것이 있다. 그것을 맨 처음 내게 알려준 사람은 아버지 릭 로버지(Rick Roberge)다. 세일즈맨들이 음성메시지 3건을 남기든 12건을 남기든 최종 메시지는 항상 '부정하기'가 되어야 한다.

"안녕하세요, 존. 허브스팟의 마크입니다. 페이스북 마케팅 성공 사례에 대한 몇 가지 제안을 음성메시지로 남겼는데요. 아마 올해는 페이스북 마케팅을 우선순위로 두지 않으시는 것 같군요. 다시 우선순위로 두시게 되면 연락 부탁드립니다."

무슨 이유인지 '부정하는' 음성메시지는 회신률이 가장 높다. 아마도 심리적 작용 같다. 맥락적 가망고객 발굴 과정으로 가치를 더해주었다면 상대방은 이 메시지에 회신할 가능성이 높다. 당신이 훌륭한 정보를 제공했는데 관계를 왜 지속하지 않겠는가?

잠재고객 "마크, 전화가 늦어 죄송합니다. 정신없이 바빴거든요. 보내주신 정보가 많은 도움이 되었습니다. 내일 점심 때 잠깐 시간 내주실 수 있나요?"

세일즈맨 "내일 일정이 꽉 잡혀 있어요. 오후 2시에 시간이 나네요. 2시 괜찮으세요?"

잠재고객 "그 시간에 회의가 잡혀 있지만 스케줄을 바꾸죠. 2시가 괜찮으시면 그때 전화 드리겠습니다."

아래에서 위로 전화하기

'위에서 아래로 전화해 제품 홍보하기'는 전통적인 세일즈맨이 교육받은 콜드 콜 방식이다. 의사결정자를 찾아 그가 공감할 만한 영업 메시지로 전화하라. 이윤, 성장 가속, 매출원가 절감 등을 강조하는 메시지일 수도 있다. 전통적인 방식으로 교육받은 세일즈맨이 이렇게 인바운드 관심고객을 처음 확보했다고 해보자. 그 고객의 회사는 세일즈맨이 판매하는 제품과 완벽한 궁합을 이루지만 그에게는 의사결정권이 없다. 그는 중간관리자나 접점직원 또는 인턴직원이다. 전통적인 방식으로 교육받은 세일즈맨은 그래도 접근방식을 바꾸지 않을 것이다. 즉, 그들을 상대로 의사결정자를 위해 고안된 메시지를 이용해 영업한다. 그 방법은 파멸을 초래한다. 실제로 한 번 살펴보자.

세일즈맨 "안녕하세요, 존. XYZ의 수지입니다. 잠깐 시간 있으세요?"

인턴직원 존 "뭐, 그런 것 같네요."

세일즈맨 "저희는 존의 회사 같은 회사들이 매출원가를 절감해 이윤이 평균 20% 올라가도록 도와드릴 최신기술이 있습니다. 성공 사례를 보여드릴 기회가 있었으면 좋겠네요. 내일 시간 있으십니까?"

인턴직원 존 "네?"

전통적인 방식으로 교육받은 세일즈맨은 전화를 끊고 동료들에게 소리친다. "가망 없어." 하지만 그렇지 않다. 접근 대상이 잘못되었을 뿐이다. 해당 회사는 고객으로 안성맞춤이지만 처음 연락이 닿은 관계자는 의사결정자가 아니다. 인턴직원이다. 그래서? 인턴이 리서치하는 이유가 뭘까? 현재 회사가 안고 있는 문제점과 당장 연관 있는 리서치라고 의사결정자가 지시했기 때문일 것이다! 즉, 의사결정자가 최우선순위로 삼는 문제를 당신의 제품이 해결해줄 수 있다. 올바른 대상이 관여하도록 만들어야 한다.

세일즈맨이 취할 수 있는 2가지 전략이 있다. 첫째, 접촉한 관계자를 무시하고 직접 의사결정자에게 전화하는 것이다.

"안녕하세요, 메리. 허브스팟의 마크입니다. 당신의 팀원들로부터 소셜미디어를 통해 잠재고객을 창출하는 방법을 묻는 질문들이 많이 들어와서요. 그쪽 페이스북을 살펴보고 도움이 될 만한 방법이 있어서 지금 이메일로 보내드리겠습니다. 더 자세히 이야기 나누고 싶으시면 전화주세요."

이 경우, 처음 접촉한 관계자의 구매 맥락을 이용해 의사결정자의 맥락도 비슷할 것이라고 추측한 것이다. 합리적인 도박이다.

내가 선호하는 두 번째 전략은 처음 접촉한 관계자에게 먼저 전화하고 후속조치로 의사결정자에게 전화하는 방법이다. 내가 '아래에서 위로 전화하기'라고 부르는 것이다. 세일즈맨은 처음 접촉한 관심고객에게 연락할 때 그에 맞는 가치제안이 필요한데 그것이 의사결정자에게 가장 적절한 가치제안이 아닐 수도 있다.

"안녕하세요, 존. 허브스팟의 마크입니다. 저희 페이스북 마케팅을 이용한 잠재고객 창출 방법에 대한 e-북을 다운로드 받으셨더군요. 어떤 의문이 있으셨죠?"

이 방법은 상대방이 관심 있는 주제에 대한 틀을 만든다. 상대방에게 무료 팁과 상담을 최대한 많이 제공하라. 그렇게 대화가 오가면서 상대방과 신뢰가 쌓인다. 그러면 상대 조직의 니즈가 무엇이고 어디서 생긴 니즈인지 질문할 권리가 생긴다. 예를 들면 다음과 같다.

1. 페이스북을 통한 잠재고객 창출 방법에 대한 주제로 검색하신 이유가 뭐죠?
2. 그렇게 지시한 사람이 있습니까?
3. 누구에게 보고하십니까? 최근 어떤 지시를 받으셨나요?
4. 요즘 CEO의 관심사항은 무엇입니까? 최근 회의에서 CEO가 무슨 말을 했죠?
5. CEO의 관심 영역에 대해 좀 더 말해줄 수 있습니까?

만약 세일즈맨이 이 접근법에 능숙하다면 초기 접촉자를 '코치'로 변화시킬 수 있다. '코치'와 '챔피언'을 혼동하면 안 된다. 대부분 인바운드로 유입된 잠재고객은 '챔피언'의 권한이 없다. 다시 말해 인바운드 잠재고객은 조직 내 구매 결정권이 없지만 '코치'로서 내부적 맥락을 제공해 세일즈맨이 조직을 더 효과적으로 도와주도록 할 수 있다. 인바운드 잠재고객과의 상호작용이 끝난 후, 세일즈맨은 의사결정자에게 전화를 걸면 된다.

"안녕하세요, 존. 허브스팟의 마크입니다. 당신의 팀원과 페이스북을 이용한 고객 창출에 대한 이야기를 나누었습니다. 4분기에 세일즈 팀을 20% 확대했고 새로운 팀원들을 위한 유효고객 공급원을 적극적으로 찾는다고 들었습니다. 저희 고객들 중 소셜미디어로 잠재고객 창출을 목표보다 20% 초과하는 데 성공한 동종업계 고객이 있습니다. 잠깐 시간을 내 성공 사례를 살펴보시겠습니까?"

의사결정자들은 바쁘다. 연락 닿기가 힘들다. 하지만 이런 음성메시지는 그들이 시간을 내줄 가능성을 최대한 높여준다.

알파벳순이 아니라 개입 단계로 우선순위를 정하라

오늘 세일즈맨에게 이렇게 물어보라. "샐리, 출근 후 맨 먼저 영업할 대상을 어떻게 정하죠?"

만약 '알파벳 순'이라는 대답이 돌아온다면 좋은 징조가 아니다. 하지만 안타깝게도 여러 조직이 알파벳순으로 영업 전화를 한다. 일부지만 정교한 방법에 따라 영업 전화를 하는 경우도 있다. 예를 들어, ABC 회사의 경우, 마지막 접촉시간으로 볼 때 오늘 전화해야 한다면 전화 목록에 자동으로 포함될 것이다. 잠재고객 중 누락되는 경우가 없도록 해주는 효과적인 방법이지만 예외는 항상 있는 법이다.

> 돌발 퀴즈: 전화할 대상 두 곳이 있다. 세일즈맨은 다음 중 어느 쪽을 우선순위로 삼아야 할까?
>
> 1. 어제 전화했고 2분 전 당신의 웹 사이트를 방문한 잠재고객
> 2. 사흘 전 전화했고 후속조치가 늦어진 잠재고객

정답은 당연히 1번이다. 그것도 빨리 해야 한다! 잠재고객의 개입은 영업 전화의 우선순위를 결정하는 가장 중요한 기준이다. 하지만 이 방법을 이용하는 세일즈 부서는 소수에 불과하다. 마케팅 부서가 온라인으로 더 많은 잠재고객을 발굴하면 세일즈 부서는 각 잠재고객의 개입에 대한 세부 사항에 접근해 그 정보에 따라 행동해야 한다. 잠재고객의 개입은 다음과 같다.

1. 방금 웹 사이트를 방문한 잠재고객
2. 세일즈맨이 보낸 이메일을 읽은 잠재고객
3. 마케팅 이메일을 읽은 잠재고객
4. 소셜미디어에서 당신의 업종과 관련된 핵심문구를 언급한 잠재고객
5. 소셜미디어에서 당신의 회사나 경쟁업체를 언급한 잠재고객
6. 트위터에서 우리 회사의 CEO를 팔로잉한 잠재고객

7. 우리의 e-북을 다운로드한 잠재고객

세일즈맨은 실시간으로 일어나는 개입을 알고 그에 따라 영업활동을 맞춰야 한다. 알파벳 순서와 마지막 접촉은 무시하라.

인바운드 대 아웃바운드 세일즈 전담

이 장에서 살펴봤듯이 인바운드 고객 대상의 세일즈에는 새로운 기술이 필요하다. 따라서 잠재고객 유형에 따라(인바운드 대 아웃바운드) 세일즈 부서 담당자도 다르게 하는 것은 좋은 방법이다. 이런 변화가 중요한 이유는 또 있다. 세일즈맨이 인바운드 잠재고객을 한 달에 50명을 받고 콜드 콜로 파이프라인을 보충하라는 지시를 받는다면 콜드 콜하지 않을 것이다. 세일즈맨들은 항상 저항이 가장 적은 방법으로 목표를 달성하려고 한다. 만약 세일즈맨에게 인바운드 잠재고객을 주지 않고 콜드 콜만으로 매출을 채우라고 한다면 그렇게 할 것이다.

그것은 허브스팟이 매출 1억 달러 업체로 성장한 후 사용한 방식이기도 했다. 인바운드 잠재고객을 위한 전담팀을 만들었다. 그들은 특별한 전략으로 인바운드 잠재고객을 훌륭히 상대했다. 우리는 인바운드 전담팀을 만들어 세일즈맨과 잠재고객의 흐름과 건 당 투자 시간을 최적화할 수 있었다. 다른 팀은 콜드 콜로 목표를 달성하게 했다. 그들에게는 콜드 콜을 하고 아웃바운드 종료 전문가들을 위해 약속을 잡는 사업개발 담당자가 주어졌다. 그 팀은 가장 적합한 업체들을 타깃으로 삼는 것의 장점을 이용할 수 있었지만 잠재고객을 교육시키고 고민을 만들어내는 업무가 추가로 주어졌다.

잠재고객이 어디서 유입되는가에 따라 담당자를 따로 두는 전략은 우리가 매출 1억 달러 업체로 성장할 때까지 대단히 효과적이었다. 나는 그 방법이 여러 스타트업 기업에서도 실행되어 세일즈맨이 인바운드 잠재고객에게 전화 거는 것을 거부하거나 콜드 콜을 거부하는 문제가 해결되는 모습을 보았다. 대부분은 회사가 콜드 콜만 하는 작은 팀에서 인바운드가 포함된 혼합적인 구조로 변화하는 과정이다. 최고의 성과를 올리는 세일즈맨들에게 인바운드 잠재고객들을 담당시키는 것이 최선이다. 그러면 그들은 가장 효과적인 인바운드 중심 전술을 개발할 수 있다. 세일즈맨 1명 당 몇 건을 담당시키는 것이 적당한지 실험해보면서 그에 따라 팀을 확장할 수 있다. 하지만 인바운드 팀이 마케팅 부서가 잠재고객 명단을 제대로 넘기지 않아 목표를 달성할 수 없다고 핑계를 대는 것은 피해야 한다. 인바운드 팀은 마케팅 부서의 성과와 상관없이 목표를 달성할 수 있는 권한이 부여되어야 한다. 다음은 몇 가지 방법이다.

1. 고객 약속 설정만 인바운드 대 아웃바운드 전략으로 특화한다. 종료 담당 세일즈맨들은 모든 기회를 다루고(약속 담당자들이 보기에도) 가장 적극적인 반응을 보이는 곳에 시간을 분배해야 한다.
2. 각 인바운드 세일즈맨들에게 관리고객 명단을 제공해 인바운드 수요 외에도 담당시킨다.

◆ 요약

세일즈 팀과 마케팅 팀의 협력을 위해 마케팅 부서가 할 일

1. 잠재고객을 걸러낸다. 모든 인바운드 잠재고객을 세일즈 부서로 넘기지 않는다.

2. 잠재고객 점수평가의 함정에 빠지지 말라. 구매자 페르소나와 구매결정 과정 매트릭스로 세일즈 부서에 넘길 타이밍을 정한다.

세일즈 부서가 할 일

1. 아래에서 위로 전화하라. 일반적인 엘리베이터 피치는 집어치운다.

2. 알파벳순이나 전화순이 아니라 개입 단계에 따라 영업활동 우선순위를 정하라.

3. 인바운드와 아웃바운드 담당으로 팀을 분화하라.

「세일즈 성장 무한대의 공식」

chapter 12

세일즈 부서와
마케팅 부서의 정렬 -
스마케팅 SLA

터무니없을 정도로 과한 일반화가 있다. "전통적으로 세일즈 부서와 마케팅 부서는 사이가 안 좋다." 강연에서 이 말을 꺼내면 웃음소리가 터져 나오고 고개를 끄덕이는 모습이 보인다. 맞는 말이다. 많은 조직에서 세일즈 부서와 마케팅 부서의 관계는 역기능적이다. 마케팅 부서는 세일즈 부서가 큰 그림을 못 보고 너무 많은 급여를 받는 이기적인 집단이라고 생각한다. 또 다른 구석에 있는 세일즈 부서는 마케팅 부서가 정말 유효한 잠재고객이 무엇인지 알지도 못하고 하루 종일 예술 수공예나 한다고 생각한다. 두 부서는 협력하지 않는다. 세일즈 부서는 미친 듯이 콜드 콜을 해대고 마케팅 부서는 무역박람회나 브랜딩에 매달리며 각자 따로 논다.

> "세일즈 부서와 마케팅 부서의 역기능적 관계는
> 구매자가 주도하는 세상에서
> 죽음을 부르는 키스와 같다."

세일즈 부서와 마케팅 부서의 역기능적 관계는 구매자가 주도하는 요즘 세상에서 죽음을 부르는 키스와 같다. 구매자는 현재 안고 있는 문제점이나 추구하는 기회에 대해 검색함으로써 온라인에서 구매결정 과정을 처음 시작한다. 마케팅 부서는 이 초기 단계에서 구매자에게 제대로 공을 들여 가장 적절한 시간에 세일즈 부서로 넘겨야 한다. 세일즈 부서는 마케팅 부서로부터 잠재고객을 넘겨받아 좀 더 넓은 조직 안에서 구매자의 경험이 연속적으로 이어지도록 해야 한다.

다행히 허브스팟의 마케팅 책임자 마이크 볼프(Mike Volpe)는 그 과정에서 나의 훌륭한 파트너가 되어주었다. 마이크와는 허브스팟이 설립되기 훨씬 전에 MIT에서 인연을 맺었다. 우리 둘 다 양적 데이터 분석가였고, 시장 패러다임이 구매자 중심으로 이동한다는 사실을 알고 있었다. 회사를 세워 크게 키우고 싶은 점도 같았다. 그러기 위해서는 세일즈 팀과 마케팅 팀이 대립하지 않고 일치할 필요가 있음을 알았다.

「세일즈 성장 무한대의 공식」

"세일즈와 마케팅 SLA를 이용해
세일즈 부서와 마케팅 부서의 주관적이고 질적인 관계를
확실한 양적 목표로 바꿔라."

마이크와 나는 양적 데이터 분석 시점을 바탕으로 두 부서 사이에 '서비스 수준 협약(Service Level Agreement); SLA'를 두기로 했다. SLA는 주로 IT 업계에서 시스템의 수용가능한 가용성(즉, 월 99.999%의 시스템 가동시간)을 수량화하기 위해 흔히 사용된다. 우리가 세일즈 팀과 마케팅 팀의 SLA를 떠올린 것은 두 부서 사이에 수량화된 협의를 만들기 위해서였다.

마케팅 서비스 수준 협약(SLA)

마케팅 SLA를 마련하기 위한 첫 단계는 잠재고객이 세일즈 부서로 넘겨지는 타이밍을 수량화하는 것이었다. 이것은 11장에서 자세히 다룬 내용이다. 세일즈 부서로 넘기는 최적의 타이밍은 구매자 매트릭스로 알 수 있다. 잠재고객의 업종과 지금까지 세일즈, 마케팅 부서와의 상호작용 수준을 보고 결정한다.

11장의 구매자 매트릭스에서 보듯이 '중견기업' 구매자 페르소나는 '해결책 연구' 단계에서 세일즈 부서로 넘겼다. 본보기에 맥락을 더하기 위해 1천~1만 명의 직원을 거느린 일반적인 중견기업의 잠재고객이 '해결책 연구' 단계에 진입하려면 당신 회사의 제품 정보를 다운로드받거나 제품 설명을 요청해야 한다고 해보자. 마케팅 부서가 그 기준을 충족시킨다면 그 잠재고객은 '가망 없지' 않다. 그 후로는 세일즈 부서가 관여해야 한다. 세일즈 부서가 계속 이런 유형의 잠재고객을 거부한다면 세일즈 부서가 교육받거나 마케팅 SLA가 세일즈 부서의 관심을 끌 만한 잠재고객의 정의를 수정해야 한다.

유효 잠재고객에 대한 분명한 정의가 내려진 후, 매달 기대되는 잠재고객 수도 정해야 했다. 마이크와 나는 최적의 잠재고객 흐름을 연구했다. 지금 보기 사례에서 중견기업 세일즈맨의 월 최적 유효고객은 150건이라고 해보자. 중견기업 세일즈맨이 매달 150건의 가망고객을 제공받고 그 중 50%와 연락이 닿아 25건의 유효고객을 만들고 그 중 15건을 제품 설명 단계로 이동시키고 5건을 매달 결제고객으로 전환시켜 매출 목표를 달성한다고 해보자.

그런 보기에서 마케팅 SLA는 계산하기 쉬웠다. 중견기업 담당 세일즈맨이 10명이고 저마다 매달 150건의 유효 잠재고객이 필요하다면 마이크는 모든 세일즈맨이 목표를 달성하도록 매달 1천 5백 건의 유효 잠재고객을 제공해야만 했다. 내 경험상 그 정도 수준에 다다른 기업은 세일즈 팀과 마케팅 팀 일치함에 있어서 상위 5%에 든다. 안타깝게도 마이크와 나는 우리의 방식이 최고 수준이 아님을 깨달았다. 그 이유는 다음과 같다. 당시 모델로는 마케팅 부사장 잠재고객이 허브스팟의 웹 사이트를 방문해 필요한 양식을 작성하고 우리 제품에 대한 부수적인 정보를 다운로드받으면 유효 잠재고객이 만들어진 것이라고 할 수 있었다. 왜 그렇지 않겠는가? 매우 유망한 잠재고객이다! 또 다른 마케팅 부사장이 우리 허브스팟의 웹 사이트를 방문해 무료제품을 이용해도 유효 잠재고객이 만들어진다. 그것도 매우 유망한 잠재고객이다! 그렇다면 자료를 다운로드받는 잠재고객과 무료서비스를 체험하는 잠재고객 중 누가 구매로 이어질 확률이 높을까? 당연히 무료서비스를 체험해보는 고객이다! 그 고객이 구매결정 과정에서 앞서 있었다. '해결책 연구' 단계가 아닌 '해결책 선택' 단계에 놓인 것이다. 우리의 경우, 무료 서비스 체험 고객이 정보를 다운로드받는 고객보다 구매로 이어질 가능성이 몇 배나 높았다.

이 문제를 다른 관점에서 보자. 마케팅 부서의 입장에서 정보를 다운로드받는 고객과 무료 서비스 체험 고객 중 어느 쪽이 더 발굴하기 쉬웠을까? 당연히 정보를 다운로드받는 고객이다! 이 논리를 염두에 두고 한 달 1천 5백 건의 마케팅 SLA에 대해 다시 생각해보자. 정보 다운로드 고객과 서비스 무료체험 고객 중 세일즈 부서로 더 많이 넘겨지는 잠재고객 유형은 무엇이었을까? 우리 웹 사이트에서 더 많이 나타나는 '행동 권유 문구'는 '제품 관련 정보 다운로드 받기'와 '서비스 무료체험' 중 무엇이었을까? SLA가 뒤처져 마케팅 부서가 수요 창출을 위해 긴급 이메일을 발송할 때 그들의 이메일 마케팅은 다운로드 받기와 무료체험 중 어느 쪽에 집중되었을까? 두 가지 모두의 대답은 정보 다운로드다.

마케팅 부서와 세일즈 부서는 우리의 희망만큼 일치되어 있지 않았다. 세일즈 부서는 무료체험 고객을 선호한 반면, 마케팅 부서는 SLA의 구조상 정보 다운로드 고객에게 초점을 맞추었다. 마케팅 SLA는 꼼꼼했지만 구매결정 과정의 서로 다른 단계에 머물면 잠재고객의 행동도 달라진다는 사실을 반영하지 않았다. 마케팅 SLA를 재정비해야만 했다.

우리는 잠재고객의 서로 다른 유효성을 고려하기 위해 잠재고객 발굴 건수가 아닌 개별 건의 금전적 가치에 초점을 더 맞추었다. 다음은 잠재고객의 금전적 가치 계산법이다.

1. 구매자의 상태에 따라 평균 고객전환률을 계산했다.
2. 단계별로 소비자가 창출한 평균 구매가격을 계산했다.
3. 고객전환률에 평균 구매가격을 곱했다. 이 간단한 계산으로 구매자 페르소나와 구매결정 과정의 잠재고객별 금전적 가치를 알 수 있었다.

중소기업 페르소나

구매자 단계 상태	고객전환률	고객 1인당 매출	관심고객 가치
문제 교육	1%	$40K	$400
해결책 연구	5%	$40K	$2K
해결책 선택	20%	$40K	$8K

중견기업 페르소나

구매자 단계 상태	고객전환률	고객 1인당 매출	관심고객 가치
문제 교육	2%	$200K	$4K
해결책 연구	6%	$200K	$12K
해결책 선택	25%	$200K	$50K

대기업 페르소나

구매자 단계 상태	고객전환률	고객 1인당 매출	관심고객 가치
문제 교육	2%	$700K	$21K
해결책 연구	10%	$700K	$70K
해결책 선택	30%	$700K	$210K

그림 12.1 마케팅 SLA(서비스 수준 협약) 기반

「세일즈 성장 무한대의 공식」

그림 12.1은 11장에서 소개한 모든 구매자 단계에 따른 구매전환률, 구매가격, 암시적 가치다. 암시적인 금전적 가치가 확립된 후, 마케팅 SLA는 잠재고객 발굴 수가 아닌 잠재고객별 금전적 가치를 토대로 삼았다. 예를 들어, 마케팅 부서는 중견기업 담당 세일즈 팀에 매달 1천 5백 건의 잠재고객을 발굴해 넘길 필요가 없었다. 그 대신 1천 2백만 달러 가치의 중견기업 잠재고객을 제공하면 되었다. 마케팅 부서는 1천 건의 제품 설명 요청, 3천 건의 제품 다운로드 또는 2가지를 적절히 합쳐 목표를 이룰 수 있었다. 어느 경우든 통계적으로 세일즈 부서는 목표 달성을 위한 유효고객을 충분히 제공받을 수 있었다.

"마케팅 SLA는 마케팅 부서에 매출할당량을 정해주는 틀이 된다.
세일즈 부서가 효율적으로 처리하는 행동을 정의한다."

우리는 한 걸음 물러나 마케팅 부서에 매출목표액을 제시했다! 세일즈 부서만 매출 책임을 지는 것이 아니다. 마케팅 부서도 책임진다. 그 전략은 대성공을 거두었다. 그 방법으로 바꾼 지 일주일 만에 웹 사이트의 '행동 권유 문구'는 제품 정보 다운로드에서 무료체험으로 바뀌었다. 세일즈 부서는 발굴된 잠재고객의 질이 높아진 데 만족했다. 마케팅 부서는 수고에 합당한 인정을 받았다. 세일즈 부서와 마케팅 부서 사이에 일치가 이루어진 것이다.

실제로 우리의 구매자 매트릭스는 훨씬 상세했다. 여러 단계를 한 번에 다루었기 때문이다. 하지만 지금 든 보기는 우리 마케팅 SLA 전략의 기본을 보여준다. 높은 단계부터 시작하라. 모델에 대한 이해가 커질수록 각 단계를 상세히 다듬어가면서 가장 효과적인 전략을 만들어나가면 된다.

세일즈 서비스 수준 협약(SLA)

서비스 수준 협의는 양방향성이다. 협동은 두 방향으로 이루어지므로 세일즈 부서는 자신이 맡은 부분을 잘 받쳐야 한다. 마케팅 부서의 업무 처리에 정확도가 올라간다면 세일즈 부서도 마케팅 부서가 발굴해준 잠재고객을 더 효과적으로 다뤄야 할 것이다. 가만히 앉은 채 잠재고객을 계속 더 발굴하라고 요구할 수는 없다. 하지만 '잠재고객을 효과적으로 다룬다'는 것은 무슨 뜻일까?

나는 그 질문에 대해 몇 시간 동안 생각해보았다. 잠재고객 사후관리에 대한 간단한 질문으로 시작해보자. 세일즈맨은 잠재고객으로 전환된 지 얼마 후 전화 걸어야 할까? 인바운드 관심고객을 발견한 후, 몇 분 안에 연락해야 한다는 사실을 보여주는 많은 데이터들이 있다. 나도 그 이론을 믿는다. 그 이론을 분석하고 허브스팟의 맥락 안에서 증명하기도 했다. 인바운드 잠재고객에게 수십 분 안에 전화하는 것과 며칠 후 전화하는 것은 구매로 연결될 확률에서 엄청난 차이가 난다. 물론 세일즈맨이 새로 발굴된 잠재고객을 상대해야 하는 시간 범위는 세일즈 SLA의 일부가 되어야 한다. 예를 들어, 세일즈 SLA의 일부는 이렇다. "웹 사이트에서 유입되는 관심고객은 1시간 안에 전화로 연결되어야 한다."

"세일즈 부서와 마케팅 부서는 서로 책임진다.
세일즈 SLA는 마케팅 부서가 발굴한
모든 잠재고객을 세일즈 부서가 효율적으로
처리하는 행동을 정의한다."

또 다른 질문을 떠올릴 수 있다. 세일즈맨은 관심고객에게 전화해 음성메시지를 남긴 후, 언제 다시 시도해야 할까? 그날 저녁? 다음 날? 다음 주? 포기하기 전에 몇 번이나 전화해야 할까? 리더는 세일즈맨들에게 매달 한 건씩 잠재고객을 주고 수천 번씩 전화하라고 해야 할까? 아니면 매달 1천 건의 잠재고객을 주고 한 번씩 전화하라고 하는 편이 나을까? 나는 양적 데이터 분석가로 이런 다수의 질문들을 연구했다. 그림 12.2는 그 분석에서 비롯된 결과다. 약간 수정되었지만 결과는 실제 분석에서 도출한 것과 같다.

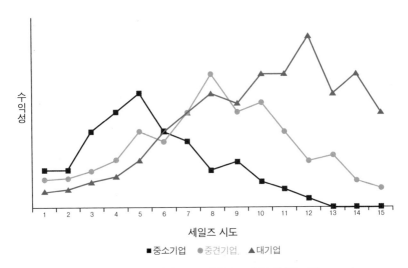

그림 12.2 세일즈 SLA(세일즈 수준 협약) 기반

이 보기에서는 5만 건의 잠재고객을 분석했다. 내게는 반갑지 않은 일이지만 그 중에는 한 번만 전화 건 경우도 있는가 하면 12번 건 경우도 있다. 당연히 많이 전화 걸수록 통화 연결 가능성도 높아진다. 하지만 시간이 더 많이 걸린다. 전화를 더 많이 거는 것과 건 당 투자시간을 관리하는 것 중 어느 것이 더 중요할까? y축은 이 질문에 대한 답을 보여준다. y축은 x축의 전화 횟수에 대한 수익성을 나타낸다. 수익성이 가장 높은 전화 횟수가 바로 우리가 찾는 고객 1인당 이상적인 횟수다. 그림 12.2는 중소기업의 경우, 5회가 가장 이상적임을 보여준다. 중견기업은 8회, 대기업은 12회다.

세일즈 팀을 이끌어줄 데이터가 생긴 것이었다. 나는 이 차트를 손에 들고 "여러분, 허브스팟에서 돈을 가장 많이 벌게 해주는 이상적인 전화 패턴

「세일즈 성장 무한대의 공식」

을 계산했습니다."(박수와 함성. 세일즈맨들은 동전을 넣어야 작동하는 기계 같다.)

"여러분, 이 패턴을 CRM 프로그램에 넣었으니 따로 계산하지 않아도 됩니다. 고객에게 전화 걸어야 할 때를 프로그램이 알려줍니다."(박수와 함성. 세일즈맨들은 고객에게 언제 전화해야 할지 계산하는 것보다 어색함을 깨고 친근한 분위기를 만드는 법을 고민하는 것을 선호한다.)

"여러분, 단 1명의 고객도 새어나가지 않도록 매일 확인시켜주는 대시보드를 만들었습니다."(처음부터 데이터 중심의 세일즈 문화를 구축해왔다면 박수와 함성이 들릴 것이다. 세일즈맨들은 세일즈를 뒷받침해주는 메커니즘이 마련되어 있으면 좋아한다.)

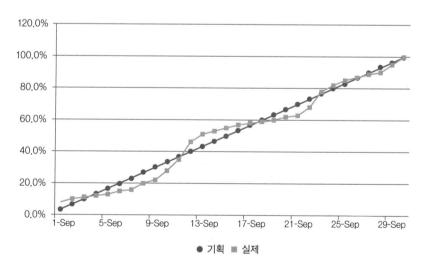

그림 12.3 세일즈 SLA 일별 보고

마지막이 중요하다. 우리는 세일즈 부서와 마케팅 부서가 매일 저녁 보고서를 작성하도록 만들어 두 조직이 SLA에 충실하도록 유도했다. 그림 12.3은 마케팅 팀의 SLA 성과를 보여준다. 다이아몬드 모양의 선은 한 달 동안 생성되는 잠재고객의 이상적 가치를 나타낸다. 네모 모양의 선은 하루에 생성되는 잠재고객의 실제 가치다. 마케팅 부서는 실제 가치를 이상적 가치와 최대한 가까이 유지하려고 노력했다. 실제 가치가 이상적 가치보다 부족하거나 넘치면 비효율적이다. 예를 들어, 마케팅 부서가 3주 동안 매우 느리다가 마지막 주에 몰아쳐 목표를 달성한다면 세일즈 부서에게는 큰 문제가 된다. 3주 동안 따분하게 시간을 때우다가 마지막 한 주 동안 우르르 쏟아진 잠재고객을 처리해야 하기 때문이다.

반대로 마케팅 부서가 첫 주 동안 한 달 목표를 달성해버리고 나머지 기간 동안 잠재고객 창출이 느리게 이루어지면 세일즈 부서는 더 큰 곤경에 처할 것이다. 마케팅 부서가 SLA 목표를 제대로 달성하더라도 말이다. 세일즈 부서는 첫 주 동안 쏟아지는 잠재고객 수를 감당하지 못할 것이다. 후속 조치가 신속히 이루어지지 못하므로 유효 잠재고객들을 놓치는 사태가 발생한다. 또한 뒤로 갈수록 잠재고객도 줄어들므로 결국 세일즈 부서는 할 일이 없어진다. 실제 잠재고객의 가치와 이상적인 잠재고객의 가치가 일치하는 것은 회사가 성장할수록 대단히 중요했다.

"세일즈 부서와 마케팅 부서에 SLA에 대한 보고서를 매일 보낸다.
세일즈 부서와 마케팅 부서를 일별 단위로 관리한다."

우리는 세일즈 SLA를 강화하기 위해 '실행하지 마시오.'라는 대시보드를 만들었다. '세일즈는 무조건 단순하게'라는 신조를 잘 보여주는 사례다. 이 대시보드는 무척 단순했다. 세일즈맨이 이 대시보드를 실행시키면 세일즈 SLA를 못 지키고 있다는 뜻이었다. 예를 들어, '실행하지 마시오.' 대시보드 에는 웹 사이트에서 유입된 새로운 잠재고객에게 1시간 안에 연락하지 않은 경우를 보여주는 차트가 있었다. 무료서비스 체험 고객 중 3회 이상 전화 하지 않은 경우를 보여주는 차트도 있었다. 제품 시연을 한 잠재고객 중 2 회 이상 접촉하지 않은 경우를 보여주는 차트도 있었다. 이쯤 되면 이 대시 보드가 어떤 의미인지 알 수 있을 것이다. 세일즈 SLA를 정할 때는 이런 핵 심기준들을 '실행하지 마시오.' 대시보드에 넣어 매일 팀원들에게 배포해야 한다.

세일즈 부서와 마케팅 부서의 일치는 마이크와 내가 월별, 분기별이 아 닌 일별로 팀을 운영하도록 해주었다. 분명한 정의와 기대, 목표가 정해져 있어 두 부서 모두 자신의 업무를 알고 서로 책임을 다할 수 있었다. 세일즈 부서와 마케팅 부서가 하나가 되어 순조롭게 굴러갔다.

◆ 요약

· 세일즈 부서와 마케팅 부서의 역기능적 관계는 구매자가 주도하는 세상에서 죽음을 부르는 키스와 같다.

· 세일즈 부서와 마케팅 부서의 SLA를 이용해 세일즈 부서와 마케팅 부서의 주관적이고 질적인 관계를 확실한 양적 목표로 바꿔라.

· 마케팅 SLA는 마케팅 부서에 매출할당량을 정해주는 틀이 된다.

· 세일즈 부서와 마케팅 부서는 서로에 대해 책임진다. 세일즈 SLA는 마케팅 부서가 발굴한 모든 잠재고객을 세일즈 부서가 효율적으로 처리하는 행동을 정의한다.

· 세일즈 부서와 마케팅 부서에 SLA에 대한 보고서를 매일 보낸다. 세일즈 부서와 마케팅 부서를 일별 단위로 관리한다.

5부
기술과 실험

THE SALES ACCELERATION FORMULA

chapter 13

더 빨리 더 잘 팔리게 해주는
테크놀로지

지난 수십 년 동안 첨단기술의 발전으로 재무부서는 예산, HR부서는 사람, IT는 데이터를 관리하기 훨씬 쉬워졌다. 또한 세일즈 부사장이 세일즈를 예측하기도 쉬워졌다. 하지만 기술이 고객접점에 있는 세일즈맨들에게는 어떤 도움을 주었을까? 별 도움이 안 되었다. 대부분의 세일즈 기술은 고객접점에서 일하는 세일즈맨들의 업무를 덜어주지 못한다. 오히려 더해줄 뿐이다. 세일즈맨들에게 사무 업무를 더해주고 전화기를 내려놓고 잠시 영업을 쉬게 만든다. 비효율성 때문에 많은 세일즈맨들이 기술을 거부한다. 그래서 조직은 세일즈 기술 채택 문제로 고민한다. 소프트웨어를 구입하는 것은 간

편한 파이프라인 검토나 세일즈 예측 분석 때문인데 데이터가 불완전하거나 제대로 갖춰지지 못해 효과가 떨어진다.

> "역사적으로 세일즈 기술은 세일즈맨이 아닌
> 리더를 위해 구축되었다.
> 이런 기술은 세일즈맨을 도와주는 것이 아니라
> 일만 더해준다."

기업들은 이 문제에 어떻게 대처해야 할까? 아예 세일즈 기술을 회피해버리고 세일즈맨들이 '알아서' 하도록 해야 할까? 당연히 그러면 안 된다. 기술은 세일즈 가속도에 엄청난 기회를 줄 수 있다. 기술은 내가 허브스팟의 세일즈에 가속을 붙이는 데도 엄청난 역할을 했다. 즉, 세일즈 기술이 효과를 발휘하려면 제대로 된 접근이 필요하다.

현대의 세일즈 기술은 2가지 기회를 준다.

1. 더 빨리 팔리게 해준다: 세일즈맨의 사무업무와 일상 업무를 제거해 현재의 세일즈 프로세스를 가속시켜준다.
2. 더 효과적으로 팔리게 해준다: 구매 맥락을 파악해 언제든지 활용할 수 있으므로 세일즈맨은 구매자에게 더 좋은 경험을 줄 수 있다. 결과적으로 세일즈맨은 가장 도움이 되는 시기에 가장 도움이 되는 정보를 주면서 구매자와 상호작용할 수 있다.

"기업들은 소비자의 구매와 세일즈맨의 판매에서
질과 속도를 향상시켜줄 세일즈 기술 구축을 위해
노력해야 한다."

이 장에서는 세일즈 기술이 세일즈 프로세스의 각 단계에서 우리 팀에게 어떤 도움이 되었는지 설명할 것이다. 나는 허브스팟의 유능한 제품 매니저 크리스토퍼 오도넬(Christopher O'Donnell)과 함께 모든 세일즈 팀이 사용할 수 있도록 세일즈 가속 기술을 상업화했다. 그런 시도에서 비롯된 첫 번째 앱은 사이드킥(Sidekick)으로 www.getsidekick.com에서 무료로 이용할 수 있다.

기술로 잠재고객 소싱을 가속하라

세일즈 프로세스에서 시간이 가장 많이 걸리는 단계는 전화를 걸 만한 유효 잠재고객을 찾는 일이다. 나는 이 과정을 '잠재고객 소싱'이라고 부른다. 일부 조직은 '유효 잠재고객' 명단을 구해 이 소싱 과정을 간소화하려고 한다. 하지만 안타깝게도 그 방법은 안 좋은 잠재고객 목록을 만들어내는 경우가 많다. 대다수 목록이 해당 기업에서 계속 일하지 않는 경우가 많기 때문이다. 그런가 하면 세일즈맨들에게 데이터 소스를 구독시켜 방대한 연락처 중에서 걸러내 가장 유효한 잠재고객을 찾도록 시키는 조직도 있다.

하지만 데이터가 정확하거나 포괄적이지 못해 걸러내기 과정이 결국 시간만 낭비하는 경우가 많다.

우리도 허브스팟에 잠재고객 소싱과 주도적인 전화 연결 담당 팀을 처음 만들 때 똑같은 실수를 저질렀다. 이 팀은 구매 목록과 데이터 소스 구독을 통해 좌절을 경험한 후, 구글 검색이라는 간단한 방법에 의존하게 되었다. 그들은 허브스팟이 제공하는 서비스와 '궁합'이 잘 맞는 회사들을 알려줄 만한 검색어를 사용했다. 그 과정은 유효 잠재고객 발굴에 효과적이었다. 하지만 거기에 시간을 계속 쏟아 붓기는 어려웠다.

그 과정은 다음과 같다.

1. 허브스팟이 제공하는 서비스에 적합한 회사들을 알 수 있는 검색어로 구글에서 찾아본다.
2. 흥미로워 보이는 첫 번째 기업을 클릭한다.
3. 허브스팟이 제공하는 서비스에 적합한지 웹 사이트를 둘러본다.
4. 자격요건이 충분해보이면 CRM에서 검색해 다른 세일즈맨이 그 기업을 이미 '찜'했는지 알아본다.
5. 찜한 사람이 없는 기업이라면 온라인 구매 과정에 관여하는 임원을 검색한다.
6. 해당 기업의 업종, 매출액, 지역, 연락처 등을 추가 검색한다.
7. 모든 정보를 CRM에 입력한다.

10분 동안 10번의 클릭으로 잠재고객이 발굴된다. 꽤 많은 사무 업무가 필요하다. 분명히 더 좋은 방법이 있을 것이다. 기술로 소싱 과정을 가속시키는 방법이 있을 것이다. 우리는 엔지니어링 팀의 수고 덕분에 잠재고객 소싱 프로세스를 개발할 수 있었다.

다음과 같다.

1. 허브스팟이 제공하는 서비스에 적합한 회사들을 알 수 있는 검색어로 구글에서 찾아본다.
2. 흥미로워 보이는 첫 번째 기업을 클릭한다. 해당 기업 평가에 필요한 모든 정보가 해당 기업 웹 사이트 옆 부분의 브라우저 사이드 바에 나타난다. 클릭 한 번으로 모든 데이터가 CRM에 입력된다.

세일즈맨은 해당 기업의 개요, 지역, 매출액, 임원, 기존 CRM 기록, 고객 계정 소유 여부, 연락 기록 등을 클릭 한 번으로 바로 이용할 수 있다. 또한 사이드 패널 밑에는 지금 평가하려는 기업과 비슷한 기업들의 목록이 뜬다. 세일즈맨이 해당 기업이 마음에 든다면 비슷한 기업으로 뜬 5개 기업도 마음에 들 것이다. 세일즈맨은 클릭 한 번으로 추가 기업들의 정보도 볼 수 있고 추가 잠재고객들도 CRM에 입력할 수 있다. 10분 동안 10번의 클릭으로 10건의 잠재고객이 발굴된다!

"세일즈 기술은 소비자의 맥락을 담고
세일즈맨이 그것을 이용할 수 있도록 해줌으로써
소비자의 구매 경험을 개선시켜준다."

이전 프로세스로는 하루 종일 50건의 잠재고객을 발굴했지만 사이드킥 기술을 활용하면 1시간도 안 되어 50건의 잠재고객을 발굴할 수 있다. 이것이 바로 세일즈 가속화다! 사무 업무는 줄고 가망고객과 상호작용하면서 영업에 쓸 시간은 늘어났다. 또한 세일즈 기술은 소비자들이 구매결정 과정에서 더 유익한 경험을 할 수 있도록 해준다. CRM에 관심고객 등록이 되면 세일즈 기술이 구매자에 대한 유용한 맥락으로 그의 여정을 강화시켜준다. 구매자가 웹 사이트를 방문하거나 마케팅 이메일을 열어보거나 e-북을 다운로드받는 등 우리 회사와 접촉한 경험이 있으면 정보는 자동으로 기록된다. 구매자의 최근 소셜미디어 활동 내용도 자동으로 기록된다. 이런 맥락적 정보는 세일즈맨들이 잠재고객의 관심사에 대해 알도록 해주었다. 결과적으로 잠재고객과 더 효과적인 상호작용을 할 수 있었다.

기술로 가망고객 발굴을 가속하라

세일즈맨은 전화 목록이 갖춰지면 잠재고객들과 연락을 시도한다. 음성 메시지와 이메일을 남긴다. 대부분의 조직은 이 프로세스를 '가망고객 발굴'

이라고 부른다. 세일즈맨들은 가망고객을 발굴할 때 활동 날짜 심지어 알파벳순으로 목록을 정리하는 경향이 있다. 음성메시지를 남기거나 이메일을 보낼 때 메시지에서 사적인 부분은 연락처와 회사명뿐이다. 그런 기본 정보를 제외하면 모든 메시지가 똑같은 엘리베이터 피치다. 이런 메시지가 과연 흥미로울 수 있을까? 놀랍게도 여전히 많은 세일즈 조직들이 거부감 나는 방법을 사용하고 있다.

유능한 세일즈맨은 더 정교한 방법을 쓴다. 알파벳순이나 최근 활동 순이 아니라 잠재고객의 특징에 따라 접근 전략을 세운다. 잠재고객 발굴 전략도 상대에 따라 개인화한다. 재정 단계, 업계 수상 등 해당 기업 소식을 확인하고 메시지 관련 정보를 가볍게 언급한다. 해당 기업 소식을 언급하는 것이 유용해 보이지만 세일즈맨이 잠재고객의 구매결정 과정을 과연 더 효과적으로 이끌어줄 수 있을까?

다음의 질문을 생각해보는 것이 더 효과적이지 않을까? 해당 기업의 누군가가 우리 웹 사이트를 방문한 적이 있는가? 우리 마케팅 부서가 보낸 이메일을 읽은 적이 있는가? 세일즈맨이 보낸 이메일을 읽은 적이 있는가? 소셜미디어에서 우리의 경쟁업체를 언급한 적이 있는가? 이런 일들이 발생할 때마다 세일즈맨이 알 수 있다면 좋지 않을까? 이런 정보가 해당 기업 소식보다 연관성이 더 크지 않을까? 가장 유익한 시간에 가장 유익한 정보를 제공하면서 구매자와 상호작용하도록 해주지 않을까? 물론이다!

우리는 기술을 통해 세일즈맨 부서에 이런 일이 일어날 때마다 알려준다. 결과적으로 즉각적인 개입이 가능해 구매자의 행동에서 드러나는 구체적인 관심사를 언급할 수 있다. 우리의 세일즈맨들은 잠재고객들에게 도움을 제안해야 한다. 그 방법은 구매자들에게 유익하다. 세일즈맨이 구매자와 연결되어 가망고객 발굴 과정이 가속화된다.

가망고객 발굴 과정에서 중요한 또 다른 측면은 정확한 활동 기록이다. 정확한 기록을 남기지 않으면 잠재고객 개입 이력도 사라진다. 세일즈맨이 그동안 무엇을 했는지 매니저가 확인할 수도 없다. 기존 세일즈 기술로는 활동 기록이 간단하지 않다. 다음은 일일이 손을 거쳐야 하는 가망고객 발굴 과정이다.

1. 첫 전화 대상인 잠재고객을 클릭해 찾는다.
2. 음성메시지와 이메일에서 언급할 만한 해당 기업 소식을 검색한다.
3. 전화번호를 누른다. 음성메시지를 남긴다.
4. CRM에 작업을 생성한다.
5. 작업을 음성메시지로 분류한다.
6. 음성메시지 작업을 저장한다.
7. 이메일을 작성한다.
8. 이메일을 전송한다.
9. CRM에 작업을 생성한다.
10. 작업을 이메일 전송으로 분류한다.
11. 이메일을 작업에 복사해 붙인다.
12. 작업을 저장한다.

13. 이틀 후 후속조치를 위한 새로운 작업을 CRM에 생성한다.

14. 작업을 저장한다.

잠재고객에게 접근할 때마다 이 과정이 일어난다. 하루 50회 이상 실시해야 할 수도 있다! 우리는 세일즈 기술로 전 과정을 자동화했다. 잠재고객에게 접근할 준비가 되었을 때 시스템에 알리기만 하면 된다. 그 후 어떤 시도를 해야 하는지 시스템이 알려준다. 전체적인 맥락을 보여주므로 세일즈맨이 잠재고객의 상황에 맞추어 접근할 수 있다. 시스템이 전화도 건다. 연결되지 않아 음성메시지를 남기면 시스템이 음성메시지를 자동으로 기록한다. 후속조치를 위한 이메일도 자동으로 개인화해주고 전송 이메일을 CRM에 기록한다. 해당 잠재고객에 따른 최적의 타이밍으로 후속조치를 위한 작업 일정도 세워준다. 통화 기록, 사무 업무도 신경 쓸 필요없다. 시스템이 대신 처리해준다. 세일즈맨은 자신이 가장 잘하는 업무, 영업에만 집중할 수 있다.

"세일즈 기술은 사무 업무 제거와 데이터 자동화를 통해
세일즈맨이 더 빨리 팔 수 있도록 해준다."

기술로 잠재고객 개입을 가속하라

기존에는 세일즈맨이 잠재고객과 연락이 닿으면 미리 정해진 세일즈 프로세스로 이끌려고 했다. 구매자의 니즈와 선호도를 무시한 채 관리자가 만들어놓은 세일즈 프로세스로 한 단계씩 구매자를 데려간다. 모든 구매자들에게 똑같은 프로세스가 적용된다. 똑같은 콘텐츠가 공유된다. 구매자의 행동이나 니즈가 아니라 세일즈맨의 행동과 거래에 대한 인식을 토대로 마련된 프로세스다. 세일즈맨은 관리자에게 말한다. "네, 제품 설명을 했습니다." "네, 예산이 있는지 물어봤습니다."

이 프로세스는 파이프라인의 전체 활동을 만들어내는 것처럼 보인다. 하지만 파이프라인의 대부분이 '정체'되어 있다. 고객이나 매출로 연결되지 않는다. 실제로 파이프라인의 특성은 조작된 것이다. 진짜가 아니다.

세일즈 기술은 구매자 참여 과정에서 구매자가 세일즈맨의 프로세스 속에서 정체되지 않고 자연스러운 구매결정 과정을 거치도록 도와준다. 이상적으로 세일즈 기회 단계는 세일즈맨의 행동이 아닌 구매자의 행동이 주도해야 한다. 구매자가 발견 전화의 내용이 정확하다고 확인했는가? 구매자가 제안서를 열어보았는가? 부사장이나 C급 관리자가 제품 전체보기를 했는가? 재무부서 관계자가 세일즈맨이 작성한 ROI 연구를 검토했는가? 이런 행동이 기회 상태를 알려주는 훨씬 효과적인 지표다. 이상적인 세상에서는 이런 구매자 행동이 세일즈 기술로 포착된다. 구매자의 행동 여부에 따라 자동으로 해당 기회가 앞으로 나가거나 뒤로 후퇴한다. 이 프로세스는 세일즈 파이프라인과 예측의 정확성을 해치는 세일즈맨의 주관성이나 '직감'을 제거해준다.

기회 단계와 구매결정 과정을 일치시키면 세일즈 부서가 구매자와 보조를 맞출 가능성도 높아진다. 기술은 이런 일치를 도와준다. 구매자의 페르소나(중소기업, 중견기업, 대기업)와 구매 단계(문제 정의, 해결책 교육, 해결책 선택 등)를 제대로 알면 기술은 세일즈 프로세스의 가속을 위해 구매자와 공유하는 데 적합하고 부수적인 수단을 추천해줄 수 있다. 새로운 FDA 규정에 맞추기 위해 준비 중인 중견 건강관리업체라면 구매자의 특정 맥락에 가장 잘 맞는 블로그 기사나 e-북, 웨비나(Webinar)가 무엇인가? 디지털 마케팅 예산으로 유통 경로를 지원하려는 제조업 분야의 대기업이라면 이 구매자의 맥락에 가장 도움이 되는 사례 연구는 무엇일까? 콘텐츠 제작 노력에 가속도가 붙을수록 세일즈 보조수단과 구매자 상태를 일치시켜야 기술이 세일즈 프로세스를 개선해줄 수 있다. 이런 유형의 세일즈 가속화는 구매자와 판매자 모두에게 득이 된다.

기술을 이용한 자동 보고

기술 활용 사례는 소비자의 구매 경험을 개선해주고 세일즈맨의 세일즈 주기를 단축시켰을 뿐만 아니라 세일즈 부서와 조직 전체의 관리에 필요한 중요한 데이터를 자동화해주었다. 기술이 실제로 세일즈맨들에게 도움이 되므로 사용빈도가 증가하고 결과적으로 데이터 정확도가 높아졌다.

세일즈 매니저들은 다음 질문들의 답을 더 확실히 알 수 있었다.

1. 우리의 파이프라인이 이번 분기 목표를 달성할 수 있는 위치인가?
2. 이번 분기 예상 총매출액은?
3. '세일즈 깔때기의 윗부분' 활동이 다음 분기 준비에 필요한 것과 같은가?
4. 각 세일즈맨은 일간, 주간, 월간 단위의 전체적인 깔때기 활동에서 어디에 있는가?(잠재고객 소싱, 음성메시지, 전화 연결, 발견 전화, 프레젠테이션 등)
5. 세일즈맨의 현재 활동은 과거 성과와 비교해 어떠한가?
6. 세일즈 부서가 새로 발굴된 잠재고객에게 세일즈 SLA에 따라 관여하고 있는가?
7. 제품 설명을 요청하거나 무료 체험하는 고객처럼 우선순위가 높은 잠재고객 중 놓치는 경우는 없는가?

마케팅 담당자들은 다음 질문들의 답을 더 확실히 알 수 있었다.

1. 내가 생성하는 잠재고객들이 세일즈 SLA에 따라 다루어지고 있는가?
2. 어떤 유형의 잠재고객이 구매결정 과정에서 가속화되고 어떤 유형이 그렇지 않은가?

「세일즈 성장 무한대의 공식」

3. 마케팅 부서가 만든 부수적인 수단을 가장 효과적으로 활용하는 세일즈맨은 누구인가?

4. 가장 높은 잠재고객 참여를 만들어내는 부수적인 수단은 무엇인가? 특히 인기 있는 슬라이드나 페이지가 있는가? 특히 간과되는 슬라이드나 페이지가 있는가?

5. 세일즈 팀이 최신의 부수적인 수단을 활용하고 있는가?

"세일즈맨을 위해 개발된 세일즈 기술을 통해
매니저는 정확한 보고로 팀을 운영할 수 있다."

세일즈맨들은 다음 질문들의 답을 더 확실히 알 수 있었다.

1. 최근 내가 보낸 이메일과 부수적인 수단과 관련 있는 잠재고객은 누구인가?

2. 나의 활동량은 다른 팀원들과 비교해 어떠한가?

3. 내가 목표를 달성할 수 있을 만큼 영업활동을 충분히 완료하고 있는가?

4. 새어나가는 잠재고객이나 기회가 있는가?

가장 중요한 것은 모든 사람이 세일즈맨에게 이렇게 통찰을 얻었다는 것이다. 데이터는 정확하고 그 데이터를 잡아주는 과정은 자동으로 이루어진다.

◆ 요약

· 역사적으로 세일즈 기술은 세일즈맨이 아닌 리더를 위해 구축되었다. 이런 기술은 세일즈맨을 도와주는 것이 아니라 일만 더해준다.

· 기업들은 소비자의 구매와 세일즈맨의 판매에서 질과 속도를 향상시켜줄 세일즈 기술 구축을 위해 노력해야 한다.

· 세일즈 기술은 소비자의 맥락을 담고 세일즈맨이 그것을 이용할 수 있도록 해줌으로써 소비자의 구매 경험을 개선시켜 준다.

· 세일즈 기술은 사무 업무 제거와 데이터 자동화를 통해 세일즈맨이 더 빨리 팔 수 있도록 해준다.

· 세일즈맨을 위해 개발된 세일즈 기술을 통해 매니저는 정확한 보고로 팀을 운영할 수 있다.

chapter 14

세일즈 실험
성공하기

위대한 팀은 지속적인 개선을 핵심 철학으로 삼는다. 성패를 떠나 기존 실행 방법을 개선해 변화하는 시장에 적응하거나 새로운 영역 확장을 고려하게 해주는 방법은 항상 있다. 실험문화는 지속적인 개선 철학을 조성하는 좋은 방법이다.

허브스팟 창립 2주년 당시로 되돌아 가보자. 첫해는 더할 나위 없이 좋았다. 운 좋게도 콘스탄트 컨택트(Constant Contact)의 CEO 게일 굿먼(Gail Goodman)을 이사회에 영입할 수 있었다. 당시 그녀는 이렇게 말했다. "첫해 매출은 좋았지만 실험이 이루어지지 않았어요. 여러분은 좋은 모델이 있고 그 모델이 효과적으로 가동되고 있습니다. 하지만 더 잘할 수 있는 방법은 항상 있어요. 허브스팟은 신생업체이니 실패를 두려워하지 말고 새로운 시도를 해보세요."

> "훌륭한 팀은 지속적인 개선을 중요한 신조로 여긴다.
> 실험문화 조성은 세일즈 가속 공식의 중요한 요소다."

나는 그녀의 말을 가슴에 새겼다. 게일의 철학에서 비롯된 허브스팟 세일즈 부서의 모범 사례를 잔뜩 읊을 수 있다. 세일즈 가속도 공식의 중요한 부분은 바로 실험문화 조성이다. 다음은 그 환경을 만드는 방법으로 내가 선호하는 것들이다.

실험 아이디어 내기

허브스팟에는 내가 '상향식' 혁신 깔때기라고 부른 것이 있었다. 가장 혁신적인 아이디어는 임원들이 아닌 고객접점에서 활동하는 세일즈맨들로부터 나왔다. 가망고객과 상호작용하고 경쟁업체와 직접 경쟁하고 매일 고객 응대를 하는 사람들이다. 우리는 정말 똑똑한 인재들을 채용했다. 똑똑한 사람들은 접점에서 며칠만 있어도 패턴을 발견하고 혁신을 실행하며 비즈니스 궤도를 바꿔줄 아이디어를 내놓는다.

「세일즈 성장 무한대의 공식」

"임원들 스스로 거대한 아이디어를
생각해내려고 하지 말고 조직 내부에
혁신문화를 구축해야 한다."

그런 혁신이 일어날 수 있는 환경을 만드는 것이 우리 임원들의 일이었다. 임원들 스스로 굉장한 아이디어를 떠올리기 위해 노력하기보다 직원들의 혁신 열정을 품어줘야 했다. 우리가 활용한 기법 중 하나는 내부 '해커톤(hackathon)'이었다. 일반적으로 해커톤은 고객이 새로운 기능을 이용하는 속도 느림이나 경쟁업체의 새로운 제안, 내부 문화사안 등 그때마다 관련 있는 구체적인 문제들에 초점을 맞추었다. 전 직원들에게 문제를 알리고 해결책 브레인스토밍에 참여할 사람들을 모집했다. 해커톤은 대부분 퇴근 후 이루어졌다. 피자와 맥주가 함께 했다. 수백 명이 모일 때도 있었다. 즐거운 시간이었다.

해커톤 주최자는 참가자들에게 문제점을 이야기하고 저녁 동안 이루어질 브레인스토밍의 기제를 정했다. 그리고 아이디어가 있는 사람은 1~2분 동안 사람들 앞에서 설명했다. 모든 아이디어를 화이트보드에 적었다. 약 30분 동안 아이디어를 모아 투표했다. 상위 10가지 정도로 추리고 팀을 나누고 아이디어를 하나씩 맡겼다. 각 팀은 약 1시간 동안 아이디어에 대해 토론하고 그것을 실험할 방법을 생각해냈다. 그런 후 다시 모두 둘러앉아 발표했다.

최소 투자로도 가능한 간단한 실험은 관련 부서 관계자들이 실행에 옮겼다. 가능성이 있지만 상당한 투자가 필요한 아이디어라면 해당 아이디어를 낸 팀이 임원 회의에서 직접 제안했고 임원들로 구성된 실험 이사회가 지원 여부를 결정했다. 지원하기로 결정된 아이디어는 혁신 파이프라인에 더해졌다. 혁신 파이프라인은 매달 모니터링했고 가능하면 담당 팀들이 실험 이사회에 상태 변화를 보고했다. 실험 이사회는 조언해주고 실험을 계속할지, 추가 자원을 지원할지, 다른 혁신을 위해 중단할지 여부를 결정했다.

혁신문화의 또 다른 핵심요소는 바로 조직 내 투명성이었다. 성공적인 혁신문화는 전 직원이 자신을 각자 맡은 분야의 'CEO'로 느끼는 것이다. CEO가 되려면 회사에서 일어나는 일들에 대한 전체적인 그림이 필요하다. 그래서 매달 재무제표를 만들어 전 직원에게 공개했다. 회의에서 그것을 살펴볼 수 있었다. 회사 위키에도 올렸다. 회사와 각 임원들의 전술적 우선순위도 위키에 올리고 회의 때 검토가 이루어졌다. 운영 계획의 진전 내용이 매달 전 직원에게 보고되었다. 매달 NPS(고객충성도 평가) 설문조사를 실시해 '소비자 행복지수'를 측정했다. 그 보고서 자료와 요약 내용은 전 직원과 공유했다. 직원 NPS가 분기별로 실시되었다. 그 설문조사 자료와 요약 내용은 전 직원과 공유했다. 회사 위키도 매우 활발히 관리되었다. 임원들이 자주 질문에 답하고 댓글을 남겼다. 기술을 최대한 활용하고 기존 구식 조직의 피라미드 같은 하향식 소통 구조를 평평하게 만들어주는 훌륭한 방법이었다.

우리 혁신문화의 마지막 요소는 조직 내 '혁신' 경력 경로의 고형화였다. 허브스팟 직원들이 추구하는 기본적인 경력 경로는 3가지였다. 첫째, 리더십 경로다. 그들은 기능적 전문성이 갖춰지면 자신이 몸담은 부서에서 관리자가 되기 위해 리더십 교육에 입문했다. 또 다른 방향은 '기능 전문가'였다. 개인 기여자로서 성장하고 싶은 세일즈맨일 수도 있고 최고의 프로그래밍 언어 전문가가 되고 싶은 엔지니어일 수도 있다. 우리는 그런 포부를 지닌 직원들을 위해 매력적이고 확실한 길을 마련해놓았다. 그들은 새로운 길로 나아가는 데 누구보다 열정적이었다. 해커톤이나 회사 위키 만들기, 기타 혁신 프로그램에 적극적으로 참여했다. 그 중 다수는 실험적인 아이디어를 이끌도록 선택받았다. 중요한 것은 성공하면 허브스팟에서 경력의 새로운 궤도를 마련했다는 것이다. 혁신 경로를 통해 지위를 얻은 리더들 덕분에 우리의 조직문화에 신뢰를 더해주었다.

실험 모범 사례

세일즈 부서가 어느 정도 덩치가 커지면서 한 번에 여러 실험을 하는 경우가 늘었다. 새로운 잠재고객 발굴 방법, 잠재적 판매가능 시장, 세일즈 방법론, 신제품 등의 실험을 했다. 허브스팟의 파트너 프로그램, 적극적인 해외 확장, 세일즈 방법론 수정, 이 모든 것이 실험 구조에서 비롯되었다. 큰 변화라면 우선 작은 규모로 실험해봐야 하지 않을까? 우리는 오랫동안 실험 성공에 필요한 일반적인 프로세스에 깊은 관심을 기울였다. 그 프로세스는 다음과 같다.

1. 분명한 목표와 성공 기준을 정의한다.

당연하게 들리겠지만 실험 준비 과정에서 간과되는 경우가 많다. 이
단계를 지나치면 3주 정도 지나 팀원들이 실험에 '압도'당해 큰 그림을
못보고 원래 의도에서 벗어난다. 또한 실험이 마무리 단계에 이르면서
결과의 성공 여부에 대한 합의도 이루어지지 못한다. 따라서 분명한
목표를 정해야 한다. 실험을 위한 논문이라고 생각하라. 정확한 성패
기준을 만든다. 성공을 수량화할 방법을 반드시 찾아야 한다.

"실험효과를 제대로 판단할 수 있도록
제대로 된 실행 공식을 마련해두어야 한다."

2. 실험을 설계한다.

가장 적은 시간과 자본을 투자해 실험할 방법을 찾는다. 필요한 시간
과 자본은 실험의 호소력을 좌우하는 중요한 요소다. 예를 들어, 하
루 100달러 이하 비용으로 가능한 실험이고 성공하면 회사에게 3배
도움이 된다고 해보자. 고민할 필요도 없이 실행할 것이다. 하지만 1
년의 시간과 수만 달러가 들어간다면 매력도가 떨어진다. 엄청난 투
자수익을 올릴 수 있어야만 고려해보려고 할 것이다. 가장 적은 자본
과 시간으로 실험할 방법을 찾아야 한다.

3. 리더를 선택한다.

회사의 혁신 프로세스에서 진화된 실험이고 아이디어를 낸 직원에게 실험을 이끌 만한 기술과 열정, 시간이 있다면 가장 이상적이다. 그 경우, 타인으로부터 이어받은 경우보다 프로젝트에 대한 애착이 강해 엄청난 동기와 열정이 부여될 것이다. 실험을 이끄는 훌륭한 리더는 아이디어에 열정이 있고 실험 기능에 대한 지식이 있으며 자신의 분야와 관련된 목표가 있다.

4. 팀을 만든다.

대부분의 실험에는 팀이 필요하다. 특히 세일즈가 그렇다. 성과가 평범한 사람보다 성과가 높은 사람들을 선택할 것을 권한다. 내가 실험 첫 단계에서 원하는 것은 '틀린 것을 틀리다고 판단하는 것'이다. 세일즈 부서에서 최고의 성과를 올리는 2명을 실험 팀에 넣었고 실험이 실패했다면 그 아이디어는 유효하지 않다고 볼 수 있다. 가장 뛰어난 인재들도 해내지 못하는데 어떻게 조직적인 차원에서 실행할 수 있겠는가?

한편 평범한 세일즈맨 1명에게 실험을 맡겨 좋은 결과가 안 나오면 새로 배운 것이 전혀 없게 된다. 인재를 잘못 선택해 실패한 것인지, 실행할 수 없는 아이디어 때문인지 판단할 수 없기 때문이다. 따라서 '틀린 것을 틀리다고 판단'할 수 있도록 실험 첫 단계는 최고의 성과자들에게 맡겨야 한다.

5. 주기적인 확인 절차를 만든다.

실험 진행 과정을 얼마나 자주 평가할지 정해야 한다. 우리는 선임 리더들이 한 달에 한 번 회의를 열어 실험 데이터를 검토했다. 실험 리더는 30분 동안 팀원들과 함께 진행 과정을 짚어보고 임원들의 질문에 답했다. 진행 상태가 미비하다면 자금 지원 중단을 결정할 수도 있었다. 반면, 분명히 성공적으로 진행되면 추가자금 지원이나 확대 계획을 논의했다.

◆ 요약

· 훌륭한 팀은 지속적인 개선을 중요한 신조로 여긴다. 실험문화 조성은 세일즈 가속 공식의 중요한 요소다.

· 임원들 스스로 거대한 아이디어를 생각해내려고 하지 말고 조직 내부에 혁신문화를 구축해야 한다.

· 실험효과를 제대로 판단할 수 있도록 제대로 된 실행 공식을 마련해두어야 한다.

chapter 15

허브스팟에서 가장 성공한
세일즈 실험

세일즈 실험효과를 설명하기 위해 허브스팟에서 실시한 성공적인 실험 사례를 소개하겠다. 확실한 시장 실험과 세일즈 방법론 실험이다.

허브스팟의 부가가치 재판매자(VAR) 프로그램

지난 2007년 가을 허브스팟의 4번째 세일즈맨으로 피트 카푸타(Pete Caputa)가 채용되었다. 피트는 나처럼 전형적인 세일즈 인재가 아니었다. 그는 엔지니어링을 전공했다. 작은 스타트업 기업의 CEO였고 세일즈 분야 교육도 어느 정도 탄탄히 받은 상태였다. 피트는 입사한 지 몇 개월도 안 되어 '부가가치 재판매자(VAR) 프로그램'의 실행을 적극 추진하기 시작했다. 당시 우리는 직접 세일즈 모델을 통해 전적으로 매출을 올리고 있었다. 즉, 웹사이트로 유입되는 잠재고객에게 전화를 걸어 고객으로 전환시키는 방법이었다. 피트는 새로운 세일즈 경로를 구상했다. 허브스팟의 이야기를 따르는 소규모 마케팅 에이전시와 웹 디자인 업체, SEO 컨설턴트 모두에게 초점을 맞추고 싶어 했다. 그 조직들에게 우리의 소프트웨어를 재판매하도록 설득할 수 있다고 믿었다.

피트가 입사하기 전, 우리도 VAR(부가가치 재판매자) 프로그램을 고려한 적이 있다. 실제로 대규모 재판매자와 함께 프로그램 실험까지 했다. 대부분의 스타트업 기업들은 재판매자를 통한 판매를 매력적인 시작점으로 고려한다. 대규모의 직접 세일즈 인재의 채용과 관리에 투자하는 것보다 대신 해줄 사람을 찾는 것이 더 편하지 않겠는가? 하지만 그 방법은 대부분의 신생 스타트업 기업들에게 실패로 돌아간다. 다행히 허브스팟의 고문 이사회에는 성공한 서비스형 소프트웨어(SaaS) 기업 출신 임원들이 있었다. 그들은 창업 초기 VAR 프로그램을 시작하는 것은 좋지 않다고 조언했다. 특히 어느 정도 규모 있는 재판매자의 경우, 파트너십 구축에 상당한 노력이 들어간다고 경고했다. 또한 합의에 이른다고 해서 힘든 투쟁이 끝나는 것도 아니다. 파트너의 세일즈 팀의 마인드 쉐어를 포착해야 한다. 또 그들을 대상으로 제품 교육도 해야 한다. 결국 그들이 재판매해야 하는 수많은 제품

들 속에서 당신의 제품은 길을 잃는다.

파트너 전략의 또 다른 주요 문제는 파트너의 접점직원들이 당신의 제품 부서와 임원들에게 피드백을 제공해주는 방안이 마련되어 있지 않다는 것이다. 스타트업 기업이 제품과 시장의 궁합을 즉시 찾는 경우는 매우 드물다. 스타트업 기업이 초기에 세일즈 근육을 발달시켜 나갈 때 그 근육의 가장 소중한 결과는 초기 고객이나 매출이 아닐 수도 있다. 가장 소중한 결과는 잠재 구매자들로부터 얻는 교훈이다. 잠재시장의 니즈와 선호도를 이해하고 그 정보를 회사에 전달해 제품과 가격, 패키징에 활용할 수 있다면 스타트업 기업은 제품과 시장의 궁합을 찾고 세일즈를 가속할 수 있다. 하지만 세일즈가 외부 파트너의 경로를 통해 이루어지면 대부분 피드백을 잃게 된다. 파트너사의 세일즈맨들은 당신 회사와 물리적, 정서적으로 연결되어 있지 않기 때문이다. 잠재 구매자들의 피드백을 당신의 팀에 전달해주려는 동기가 약할 수밖에 없다.

나는 고문 이사회의 조언에 전적으로 공감했다. 하지만 피트는 파트너 프로그램을 실행해야 한다고 계속 적극적으로 주장했다. 하지만 허브스팟은 훌륭한 직원들의 아이디어를 소중히 받아들이고 평가하는 '혁신'문화를 조성하려는 야망이 있었다. 그래서 나는 피트에게 해당 분기 목표매출의 120%를 달성하면 VAR 프로그램을 실험해도 된다고 말했다. 당연히 피트는 목표를 달성했다.

다음 분기에 실험 준비를 했다. 피트는 매출목표액 달성 책임을 계속 지면서 VAR 실험 업무는 야간과 주말에 하기로 했고 약간의 투자금도 지원받기로 했다. 실험 목표는 VAR을 이용해 매력적인 비용으로 신규고객을 유치할 수 있는지, 허브스팟의 소프트웨어를 성공적으로 사용할 수 있는 사람이 누구인지 알아보는 것이었다. VAR로 5명의 신규고객을 유치하는 것이 실험 성공 기준이었다. 5명의 신규고객 모두 허브스팟의 소프트웨어를 깔고 한 달 동안 일주일에 적어도 한 번은 로그인해야만 했다. 피트는 또 해냈다.

다음 분기에 피트는 전적으로 VAR 프로그램을 맡았다. 마케팅 예산과 함께 새로운 목표가 주어졌다. 그는 새로운 목표도 달성했다. 회사는 VAR 마케팅 예산을 늘렸고 2명의 직원 채용 예산까지 지급했다. VAR 프로그램이 확장될 준비가 된 것이다. 우리는 타 사업 부문과 마찬가지로 VAR 경로를 측정했다. SaaS 전문가들을 위해 덧붙이면 LTV/CAC, 자금회수 기간, 세일즈맨의 생산성, 고객유지를 비롯한 기준을 측정했다. 결과는 굉장했다.

6년 후 피트는 교차 기능을 수행하는 100명의 직원으로 구성된 VAR 팀을 감독하면서 허브스팟에 매달 엄청난 매출을 새로 올려주고 있었다. 피트에게 기회를 주지 않았다면 어떻게 되었을까? VAR 실험은 엄청난 잠재수익성이 있는 간단하고 비교적 저렴한 도박의 좋은 사례다. 운 좋게 성공해 수익을 올릴 수 있었다.

GPCT(목표, 계획, 도전 과제, 타임라인)

5장에서 언급했듯이 허브스팟에서 사용한 첫 번째 자격 부여 매트릭스는 BANT였다(예산, 권한, 니즈, 타이밍). 모든 세일즈 기회들을 검토해보니 BANT의 'N(니즈)'이 발견 프로세스에서 가장 중요한 요소가 되어 있었다. 잠재고객들에게 강력한 '니즈'를 확립한 세일즈맨들은 고객전환률이 매우 높았다.

'니즈'를 제대로 개발한다는 것은 말하자면 이렇다.

"구매사는 4분기에 세일즈맨 2명을 더 채용할 것이고 분기 시작 시점에 잠재고객의 흐름을 20% 늘려 세일즈 확장을 지지해야 한다. 잠재고객의 흐름을 늘리지 않으면 신입 세일즈맨들은 이미 비효율적이라고 증명된 콜드콜에 의존해야 한다. 회사가 잠재고객의 흐름을 늘리지 못하면 확장된 세일즈 팀은 신규고객 유치를 가속화하지 못할 것이다."

'니즈'를 제대로 개발하지 못하는 세일즈맨들도 있었다. 그들은 고객전환률이 훨씬 낮았다. 그들은 잠재고객의 숨겨진 니즈를 알아차리지 못했다. 잠재고객의 어떤 니즈를 파악하지 못했는지 물어보면 "모두 그렇듯이 구매자들은 더 많은 관심고객이 필요합니다."라고 답했다. 당연하다. 하지만 왜? 얼마나 많이? 그리고 그 수는 어떻게 계산된 것인가? 잠재고객의 흐름을 더 늘리지 못하면 어떻게 되는가? 잠재고객 흐름을 늘리는 것이 고객의 전체 우선순위에서 어디에 들어가는가? 세일즈맨이 이런 질문에 답하지 못하는 것은 안 좋은 신호였다.

창업 몇 주년 당시 일부 세일즈맨들이 효과적으로 '니즈'를 발견하지 못해 어려움을 겪고 있었다. 새로운 접근법이 필요했다. 세일즈 리더십 팀은 브레인스토밍을 시작했다. 결국 자격 부여 매트릭스를 수정해 계속 실행하기로 했다. 가장 높은 성과를 올리는 세일즈맨들이 잠재 구매자들에게 실행하는 방식을 반영해 매트릭스를 개선했다. 자격 부여 매트릭스 GPCT(목표, 계획, 도전 과제, 타임라인)라고 불렀다. 자세한 내용은 다음과 같다.

1. **목표(Goal):** 해당 잠재고객이 집중하는 비즈니스 목표. 나의 멘토 존 맥머혼은 이렇게 말한 적 있다. "분명히 정의된 목표는 양적이고 암시적이다." '양적'이란 목표에 숫자가 부여되었다는 뜻이다('잠재적 구매자는 잠재고객의 흐름을 20% 늘릴 필요가 있다'). '암시적'이란 구매자가 목표를 달성하지 못했을 때의 결과를 우리가 이해한다는 뜻이다(구매자가 잠재고객의 흐름을 20% 늘리지 못하면 새로 채용한 세일즈맨들이 전화할 대상이 없어진다. 결국 세일즈맨들의 생산성이 떨어지고 구매자는 회사를 성장시키지 못할 것이다.) '목표'는 우리가 구매자에게 영향을 얼마나 미칠 수 있는지 알고 구매자에게 목표 달성이 얼마나 중요한지 판단하도록 해주었다.

2. **계획(Plan):** 비즈니스 플랜은 목표 달성을 위한 것이다. 허브스팟의 맥락에서 '목표'는 일반적으로 잠재고객 발굴을 중심으로 이루어졌다. 따라서 '계획'은 잠재고객의 흐름을 늘려주는 마케팅 전략을 의미했다. 해당 구매자가 직접 이메일 마케팅을 시작할 것인가? 광고예산을 늘리거나 블로그를 시작하거나 콜드 콜을 쏟아 부을 것인가? 구매자의 '계획'을 파악함으로써 사실적인지 우리가 도움을 줄 수 있는지 판

단할 수 있었다. 이상적이라면 우리 세일즈맨들은 효과적이고 우리가 도와줄 수 있는 계획을 찾아낼 것이다(예를 들어, 인바운드 마케팅 프로그램).

당연히 우리는 세일즈 기회의 다수를 고객으로 전환시키는 데 성공할 수 있었다. 반면, 실패 가능성이 높은 계획을 세운 잠재고객들도 많았다. 가장 흔한 예는 영업 대상 목록을 구입해 이메일을 보내는 것이었다. 그 방법으로는 잠재고객을 별로 발굴할 수도 없고 이메일이 스팸 편지함으로 직행하는 경우가 많아 이후 세일즈와 마케팅 시도에 부정적인 영향을 미친다. 따라서 잠재 구매자에게 계획의 위험성을 알려주고 좀 더 효과적인 전략으로 유도할 필요가 있었다. 평소보다 어려운 세일즈 기회였다. 현실적으로 고객들이 허브스팟의 스포트웨어를 이용해 무작위로 이메일을 보내는 계획을 실행할 수도 있지만 처음부터 그것을 근거로 구매를 유도한다면 고객은 분명히 실패를 맛볼 것이고 결과적으로 안 좋은 경험을 하게 된다. 전략의 위험성을 알려주고 효과적인 방법으로 유도하는 편이 낫다.

3. **도전 과제**(Challenges): 구매자의 계획 실행에 따르는 도전 과제를 말한다. 해당 구매자가 계획을 실행할 수 있는 인원을 갖추었는가? 계획 실행에 필요한 예산이 있는가? 소프트웨어의 기능과 고객 역량에 계획을 해칠 만한 격차가 있는가? 잠재고객의 앞에 놓인 도전 과제를 이해함으로써 좀 더 효과적으로 도와줄 방법을 찾을 수 있었다. 도전

과제 극복을 도와줄 확신이 있다면 양쪽 모두 편한 마음으로 앞으로 나갈 수 있었다. 직접 해결할 수 없는 도전 과제가 남아 있다면 적어도 대안을 찾도록 도와주어 고객관계를 다질 수 있었다.

4. **타임라인**(Timeline): 잠재적 구매자가 목표를 달성해야 하는 마감일이다. 어떻게 산출된 날짜인가? 그때까지 목표를 달성하지 못하면 어떻게 되는가? 허브스팟의 해결책이 목표 달성을 어떻게 앞당겨줄 수 있고 그 해결책을 구매자에게 어떻게 효과적으로 전달할 수 있는가? 허브스팟의 세일즈 리더십 팀은 논의를 거칠수록 새로운 GPCT 매트릭스가 더 마음에 들었다. 다수의 세일즈 기회를 실험한 결과, 세일즈맨들이 구매자의 여정을 이끄는 데 훨씬 효과적인 도우미 역할을 했다.

대부분의 기업들은 이런 변화를 연간 세일즈 회의에서 터뜨릴 것이다. "새로운 자격 부여 매트릭스 GPCT(목표, 계획, 도전 과제, 타임라인)를 소개합니다!"라고 말이다. 세일즈 부서는 세일즈 회의에서 GPCT의 개념을 접할 것이다. 그것이 자신들의 세일즈 파이프라인에 어떻게 적용되는지 배울 것이다. 수업식으로 이루어지는 몇 시간짜리 교육을 받으며 현재의 프로세스와 통합할 것이다.

6개월 후 여전히 GPCT를 활용하는 세일즈맨은 전체의 20%가량일 것이다. 나머지는 이전 방식으로 돌아갔을 것이다. 그래서 우리는 다른 방법을 썼다. 팀 전체에 GPCT를 발표하지 않고 작은 실험을 했다. 실험 목표는

BANT(예산, 권한, 니즈, 타이밍)에서 GPCT로의 변화가 세일즈 프로세스의 발견 단계를 개선시키고 결과적으로 고객전환률과 세일즈맨의 생산성, 고객 성공률을 올려줄 수 있는지 알아보는 것이었다. 실험 첫 단계에서 최고의 성과를 올리는 5명의 세일즈맨에게 GPCT를 교육시켰다. 고객전환률과 세일즈맨 생산성, 고객 성공률이 6개월 안에 10% 증가하는 것이 성공 기준이었다.

앞에서 언급했듯이 첫 단계 실험 팀은 가장 유능한 세일즈맨 5명으로 이루어졌다. 리더는 당시 세일즈 교육을 담당하고 우리 회사 최고의 코치인 앤드류 퀸(Andrew Quinn)이었다. 일부러 최고의 인재들로 꾸린 팀이었다. 첫 단계의 목표는 틀린 것을 정말로 틀리다고 판단하는 것이었다. 최고 인재들로 이루어졌고 최고 코치의 지도를 받는 팀이 GPCT로 성과를 개선하지 못한다면 조직 전체에서 실행하는 것은 좋은 생각이 아닐 것이었다. 하지만 GPCT가 성공한다면 다음 단계의 세일즈맨들이 실시해도 비슷한 결과를 얻을 수 있는지 알아볼 가치가 있었다.

실험 팀은 앤드류의 지도하에 6개월 동안 일주일에 몇 차례씩 저녁에 모여 GPCT 논의를 했다. GPCT를 이용한 고객 전화 모습이 담긴 영상을 보았다. GPCT를 기준으로 파이프라인을 검토했다. 매트릭스 각 단계의 주요 요소를 어떻게 정의할지 분명한 지침을 세웠다. 각 잠재 구매자의 GPCT를 파악하기 위한 효과적인 질문도 마련했다.

앤드류와 팀원들은 성공 기준을 가뿐히 돌파했다. 또한 예상하지 못한 긍정적인 성과가 추가로 달성되었다. GPCT의 더 폭넓은 실행이 벌써 유기적으로 시작되고 있었다. 팀원들이 세일즈 부서의 구석구석에 자리 잡은 것이다. 옆자리에 앉은 직원들은 그들과 잠재적 구매자들의 통화 내용을 엿들을 수 있었다. 그리고 새로운 모델에 대해 질문하기 시작했다. 그렇게 GPCT 모델과 팀원들의 저녁 토론, 그들이 거둔 초기 성공에 대한 소문이 세일즈 부서 전체에 퍼져나갔다. 다른 세일즈맨들이 그들에게 GPCT 활용법을 알려달라고 부탁하기 시작했다. 정말 환상적이었다! 세일즈 부서 전체에 GPCT 발표 무렵에는 모두 새로운 전략을 알고 있었고 80%가 이미 사용 중이었다.

연례회의에서 '깜짝' 발표하는 기존 방법과 엄청난 차이가 있었다. 이 실험적인 방법은 2가지 긍정적인 결과를 가져왔다. 첫째, GPGT의 가치를 좀 더 안전하게 실험할 수 있도록 해주었다. 둘째, 기존 깜짝 발표보다 부서 전체를 쉽게 납득시켜주었다. VAR 프로그램과 GPCT는 허브스팟에서 성공적으로 실시된 수많은 실험의 일부일 뿐이다. 물론 실패한 실험들도 많다. 혁신과 실험문화는 직원들이 끊임없이 현상에 도전하고 실패해도 운영상 큰 피해를 끼치지 않고 회사의 성장을 가속화해주는 중대한 전략적 변화의 아이디어가 나오도록 해주었다.

chapter 16

결론:
앞으로 나아갈 길은?

이 책의 메시지는 세 겹으로 되어 있다. 가장 표면적으로는 이 책은 확장과 예측가능한 세일즈 팀을 구축할 수 있는 유용한 아이디어를 제공한다. 내가 소개한 사례들이 성과 높은 세일즈 팀의 채용과 교육, 관리를 위한 청사진을 제공해주길 바라는 마음이다. 인바운드 판매 모델의 위력을 깨닫고 실험문화를 구축하길 바란다. 또한 세일즈맨은 물론 구매자에게 도움을 주는 올바른 세일즈 기술의 활용으로 회사가 성장할 수 있길 바란다.

한 겹 들어가면 이 책이 세일즈 팀 확장에서 표준에 도전할 영감을 주길 바란다. 사례를 제시할 때마다 우리 회사의 맥락에는 효과적이었지만 다른 맥락에서는 그렇지 않을 수 있다고 신중히 설명했다. 끊임없이 최신 모범 사례를 찾고 성공한 기업들의 세일즈 전략을 연구해야 한다. 하지만 당신의 구매자 맥락이 특별하다는 사실을 알아야 한다. 당신의 팀과 제품과 관련 있는 전략만 적용한다. 몸담은 영역의 표준에 도전하라. 혁신을 추구하고 배운 점을 공유해 세일즈 분야에 기여하라.

　이제 맨 안쪽에 숨은 메시지를 소개하겠다. 나는 이 책이 세일즈 분야를 기본적으로 바꿀 새로운 세일즈 철학의 토대를 제공하길 바란다. 이 분야에는 그런 변화가 한동안 일어나지 않고 있고 매우 필요한 시점이다. 수십 년 동안 학계와 기업의 리더들은 세일즈와 세일즈 리더십 기술을 후천적으로 배울 수 있다는 사실에 대해 회의적이었다. 세일즈 분야에서 전공자를 찾기는 어렵다. 아니 거의 불가능하다. 하지만 효과적인 세일즈 실행은 기업의 성공에서 가장 중요한 동력이다. 현재 세일즈 정식교육 과정은 없지만 나는 그 미래에 대해 낙관적이다. 작년에 최소한 10명 이상의 학계와 기업 리더들이 정식 세일즈 교육과정을 만들고 싶다고 내게 도움을 청했기 때문이다. 앞으로 더 많은 리더들이 그런 시도를 하길 바란다.

　오랫동안 명문대학의 최고 학생들은 투자은행이나 경영 컨설턴트, 엔지니어, 기업가, 변호사, 의사 등의 직업을 선호하고 추구한다. 가장 똑똑한 학생들은 일반적으로 세일즈 분야에서는 일을 하지 않았다. 하지만 앞으로 변화가 생길 것이다. 지난 몇 년 동안 전 세계 명문대의 최고 학생들이 세일즈에 관심을 보이는 것을 목격할 수 있었다. 그들은 포춘 500대 기업 CEO들이 세일즈로 시작했다는 사실을 알고 세일즈가 기업의 성공에서 가장 중요하다는 사실도 안다. 세일즈 분야에서 높은 성과를 올리면 큰 경제적 보상이 따른다는 사실도 알고 있다.

그동안 구매자들은 마지못해 세일즈맨을 상대하다가 적극적으로 피했다. 세일즈맨은 사람을 조정하고 기만하며 윤리정신도 없는 이미지로 유명하다. 그런 인식과 그런 인식을 만드는 행동이 세일즈맨이라는 직업의 품위를 계속 떨어뜨릴 것이다. 변화를 위해서는 현대적 세일즈 전략의 의미를 수용해야 한다. 세일즈맨은 도움을 주는 조언자이자 존경받는 사고를 하는 리더로 보여야 한다. 의사와 마찬가지로 위기가 발생했을 때 해결책을 찾고 그들의 진단이 진지하게 받아들여져야 한다.

우리는 구매자와 판매자로서 세일즈 분야에 변화가 일어나길 바란다. 변화의 여정이 앞당겨질 필요가 있지만 나는 그 방법을 모른다. 그래서 당신의 도움이 필요하다. 세일즈 가속도 공식에서 가장 중요한 부분은 세일즈에 대한 세상의 인식을 바꾸는 것이다. 그 열쇠를 누군가가 쥐고 있다.

바로 당신일 수도 있다.

감사의 말

많은 사람이 준 영감과 조언, 지지 덕분에 이 책이 탄생할 수 있었다. 나는 그들의 지혜에 귀 기울인 것밖에 없다. 허브스팟과 인연을 맺게 해주고 끊임없이 창의적인 생각을 하도록 밀어붙여준 브라이언 홀리건(Brian Halligan)과 다르메시 샤(Dharmesh Shah)에게 감사를 전한다.

나의 첫 번째 팀원 피터 카푸타(Peter Caputa), 지투 마타니(Jeetu Mahtani), 댄 타이어(Dan Tyre), 하이디 칼슨(Heidi Carlson), 앤드루 퀸(Andrew Quinn), 브라이언 손(Brian Thorne), 필 해럴(Phil Harrell), 레슬리 미첼(Leslie Mitchell), 조 샤론(Joe Sharon)에게 감사를 전한다. 나보다 나은 사람을 찾고 채용하여 매일 그들로부터 배우는 것이 리더로서 내 임무였다. 그 임무를 수행할 수 있게 해줘 고마운 마음이다. 우리의 CMO이자 나의 '스마케팅' 파트너 마이크 볼프(Mike Volpe)에게 감사를 전한다. 마이크가 이끄는 마케팅 부서가 실시한 수요 창출 혁신은 우리의 매출 성공을 이끈 주요 원동력이었다.

가장 힘든 여정을 무사히 헤쳐 나가도록 도와준 나의 멘토와 코치들 존 맥머혼(John McMahon), 데이비드 스코크(David Skok), 록 조나스(Rock Jonas)에게도 감사를 전한다. 또한 이 책의 글자에 생명력을 불어넣어준 윌 모렐(Will Morel)과 이 책을 쓰도록 영감을 주고 끝까지 조언을 아끼지 않은 질 콘래스(Jill Konrath), 닐 라컴, 데이브 커펜(Dave Kerpen), 데이비드 미어 먼 스콧(David Meerman Scott)에게도 감사를 표시한다. 세일즈는 물론 인생 에 대한 지혜를 나눠주신 부모님에게 감사드린다. 훌륭한 교육을 받고 열정 을 추구할 수 있는 기회가 이전세대에게 당연한 것이 아니었다는 사실을 일 찍부터 깨닫게 해주신 조부모님께도 감사드린다. 덕분에 절대로 실망시키지 않겠다는 각오로 내게 주어진 기회를 당연하게 여기지 않을 수 있었다. 마 지막으로 내가 매일 앞으로 나아갈 수 있도록 사랑과 목적의식, 동기부여를 해주는 아내 로빈과 두 아들 카이와 제인에게도 고마움을 전한다.

이 책의 수익금 전액은 'BUILD-보스턴'에 기부된다.

BUILD는 1999년 설립된 혁신적인 대학 준비 프로그램으로 저소득 가정 고교생들에게 기업가정신을 심어주고 대학에 진학해 성공할 수 있도록 도와주는 것을 목표로 한다. 실제로 BUILD 소속 학생들은 사업 아이디어를 구상하고 계획해 투자자를 유치해 창업하고 있다. 실제 비즈니스를 경험해봄으로써 학업에 대한 관심이 살아나고 성공에 대한 동기부여를 돕는다. 또한 개인 개별지도, 시험 준비, 멘토링, 학과 공부와 대학 입학에 관련된 조언 등을 통해 대학 진학을 도와주고 있다. 학생들이 기업가정신을 관심 고리로 삼아 대학을 목표로 삼도록 이끌어준다. 지난 13년 동안 BUILD의 도움을 받은 학생의 95%가 대학 진학에 성공했고 그 중 80% 이상이 4년제 대학에 입학했다. 자세한 정보는 www.build.org에서 얻을 수 있다.

진성북스
도서목록

사람이 가진 무한한 잠재력을 키워가는 **진성북스**는
지혜로운 삶에 나침반이 되는 양서를 만듭니다.

앞서 가는 사람들의 두뇌 습관

스마트 싱킹

아트 마크먼 지음 | 박상진 옮김
352쪽 | 값 17,000원

숨어 있던 창의성의 비밀을 밝힌다!

인간의 마음이 어떻게 작동하는지 설명하고, 스마트해지는데 필요한 완벽한 종류의 연습을 하도록 도와준다. 고품질 지식의 습득과 문제 해결을 위해 생각의 원리를 제시하는 인지 심리학의 결정판이다! 고등학생이든, 과학자든, 미래의 비즈니스 리더든, 또는 회사의 CEO든 스마트 싱킹을 하고자 하는 누구에게나 이 책은 유용하리라 생각한다.

- 조선일보 등 주요 15개 언론사의 추천
- KBS TV, CBS방영 및 추천

나의 잠재력을 찾는 생각의 비밀코드

지혜의 심리학

김경일 지음
302쪽 | 값 15,000원

창의적으로 행복에 이르는 길!

인간의 타고난 심리적 특성을 이해하고, 생각을 현실에서 실행 하도록 이끌어주는 동기에 대한 통찰을 통해 행복한 삶을 사는 지혜를 명쾌하게 설명한 책. 지혜의 심리학을 선택한 순간, 미래의 밝고 행복한 모습은 이미 우리 안에 다가와 가뿐히 자리잡고 있을 것이다. 수많은 자기계발서를 읽고도 성장의 목표를 이루지 못한 사람들의 필독서!

- KBS 1TV 아침마당〈목요특강〉 "지혜의 심리학" 특강 출연
- YTN사이언스 〈과학, 책을 만나다〉 "지혜의 심리학" 특강 출연
- 2014년 중국 수출 계약 | 포스코 CEO 추천 도서

세계 초일류 기업이 벤치마킹한
성공전략 5단계

승리의 경영전략

AG 래플리, 로저마틴 지음 | 김주권, 박광태, 박상진 옮김
352쪽 | 값 18,500원

전략경영의 살아있는 메뉴얼

가장 유명한 경영 사상가 두 사람이 전략이란 무엇을 위한 것이고, 어떻게 생각해야 하며, 왜 필요하고, 어떻게 실천해야 할지 구체적으로 설명한다. 이들은 100년 동안 세계 기업회생 역사에서 가장 성공적이라고 평가 받고 있을 뿐 아니라, 직접 성취한 P&G의 사례를 들어 전략의 핵심을 강조하고 있다.

- 경영대가 50인(Thinkers 50)이 선정한 2014 최고의 책
- 탁월한 경영자와 최고의 경영 사상가의 역작
- 월스트리스 저널 베스트 셀러

백만장자 아버지의 마지막 가르침

인생의 고난에
고개 숙이지 마라

마크 피셔 지음 | 박성관 옮김 | 307쪽 | 값 13,000원

아버지와 아들의 짧지만 아주 특별한 시간

눈에 잡힐 듯 선명한 성공 가이드와 따뜻한 인생의 멘토가 되기 위해 백만장자 신드롬을 불러 일으켰던 성공 전도사 마크 피셔가 돌아왔다. 실의에 빠진 모든 이들을 포근하게 감싸주는 허그 멘토링! 인생의 고난을 헤쳐가며 각박하게 살고 있는 청춘들에게 진정한 성공이 무엇인지, 또 어떻게 하면 그 성공에 도달할 수 있는지 감동인 이야기를 통해 들려준다.

- 중앙일보, 동아일보, 한국경제 추천 도서
- 백만장자 시리즈의 완결판

감성의 시대, 왜 다시 이성인가?

이성예찬

마이클 린치 지음 | 최훈 옮김
323쪽 | 값 14,000원

세계적인 철학 교수의 명강의

증거와 모순되는 신념을 왜 믿어서는 안 되는가? 현대의 문학적, 정치적 지형에서 욕설, 술수, 위협이 더 효과적인데도 왜 합리적인 설명을 하려고 애써야 하는가? 마이클 린치의 '이성예찬'은 이성에 대한 회의론이 이렇게 널리 받아들여지는 시대에 오히려 이성과 합리성을 열성적으로 옹호한다.

- 서울대학교, 연세대학교 저자 특별 초청강연
- 조선, 중앙, 동아일보, 매일경제, 한국경제 등 특별 인터뷰

"이 검사를 꼭 받아야 합니까?"

과잉진단

길버트 웰치 지음 | 홍영준 옮김
391쪽 | 값 17,000원

병원에 가기 전 꼭 알아야 할 의학 지식!

과잉진단이라는 말은 아무도 원하지 않는다. 이는 걱정과 과잉진료의 전조일 뿐 개인에게 아무 혜택도 없다. 하버드대 출신의사인 저자는, 의사들의 진단욕심에 비롯된 과잉진단의 문제점과 과잉진단의 합리적인 이유를 함께 제시함으로써 질병예방의 올바른 패러다임을 전해준다.

- 한국출판문화산업 진흥원 「이달의 책」 선정도서
- 조선일보, 중앙일보, 동아일보 등 주요 언론사 추천

불꽃처럼 산 워싱턴 시절의 기록
최고의 영예
콘돌리자 라이스 지음 | 정윤미 옮김
956쪽 | 값 25,000원

세계 권력자들을 긴장하게 만든 8년간의 회고록
"나는 세계의 분쟁을 속속들이 파악하고 가능성의 미학을 최대한 적용했다. 현실을 직시하며 현실적인 방안을 우선적으로 선택했다. 이것은 수년간 외교 업무를 지휘해온 나의 업무 원칙이었다. 이제 평가는 역사에 맡겨 두어야 한다. 역사의 판단을 기꺼이 받아 들일 것이다. 적어도 내게 소신껏 행동할 수 있는 기회가 주어진 것에 감사할 따름이다."

● 제 66대 최초 여성 미 국무 장관의 특별한 자서전
● 뉴욕타임스, 워싱턴포스트, 월스트리트 저널 추천 도서

색다른 삶을 위한 지식의 향연
브레인 트러스트
가스 선뎀 지음 | 이현정 옮김
350쪽 | 값 15,000원

재미있고 행복하게 살면서 부자 되는 법!
노벨상 수상자, 미국 국가과학상 수상자 등 세계 최고의 과학자들이 들려주는 스마트한 삶의 비결. 일상에서 부딪히는 다양한 문제에 대해서 신경과학, 경제학, 인류학, 음악, 수학 등 여러 분야의 최고 권위자들이 명쾌하고 재치있는 해법을 제시하고 있다. 지금 당장 93인의 과학자들과 함께 70가지의 색다른 지식에 빠져보자!

● 즐거운 생활을 꿈꾸는 사람을 위한 책
● 93인의 과학자들이 제시하는 명쾌한 아이디어

학대와 고난, 극복과 사랑 그리고 승리까지
감동으로 가득한 스포츠 영웅의 휴먼 스토리
오픈
안드레 애거시 지음 | 김현정 옮김 | 614쪽 | 값 19,500원

시대의 이단아가 던지는 격정적 삶의 고백!
남자 선수로는 유일하게 골든 슬램을 달성한 안드레 애거시. 테니스 인생의 정상에 오르기까지와 파란만장한 삶의 여정이 서정적 언어로 독자의 마음을 자극한다. 최고의 스타 선수는 무엇으로, 어떻게, 그 자리에 오를 수 있었을까? 또 행복하지만은 않았던 그의 테니스 인생 성장기를 통해 우리는 무엇을 배울 수 있을까. 안드레 애거시의 가치관과 생각을 읽을 수 있다.

● Times 등 주요 13개 언론사 극찬, 자서전 관련분야 1위 (아마존)
● "그의 플레이를 보며 나는 꿈을 키웠다!" - 국가대표 테니스 코치 이형택

앞서 가는 사람들의 두뇌 습관
스마트 싱킹

아트 마크먼 지음
박상진 옮김 | 352쪽
값 17,000원

보통 사람들은 지능이 높을수록 똑똑한 행동을 할 것이라 생각한다. 하지만 마크먼 교수는 연구를 통해 지능과 스마트한 행동의 상관관계가 그다지 크지 않음을 증명한다. 한 연구에서는 지능검사 결과 높은 점수를 받은 아이들을 35년 동안 추적하여 결국 인생의 성공과 지능지수는 그다지 상관없다는 사실을 밝히기도 했다. 중요한 것은 스마트한 행동으로 이끄는 것은 바로 '생각의 습관'이라는 것이다. 스마트한 습관은 정보와 행동을 연결해 행동을 합리적으로 수행하도록 하는 일관된 변환(consistent mapping)으로 형성된다. 곧 스마트 싱킹은 실천을 통해 행동으로 익혀야 한다는 뜻이다. 스마트한 습관을 창조하여 고품질 지식을 습득하고, 그 지식을 활용하여 새로운 문제를 창의적으로 해결해야 스마트 싱킹이 가능한 것이다. 그러려면 끊임없이 '왜'라고 물어야 한다. '왜'라는 질문에서 우리가 얻을 수 있는 것은 사물의 원리를 설명하는 인과적 지식이기 때문이다. 스마트 싱킹에 필요한 고품질 지식은 바로 이 인과적 지식을 통해 습득할 수 있다. 이 책은 일반인이 고품질 지식을 얻어 스마트 싱킹을 할 수 있는 구체적인 방법을 담고 있다. 예를 들어 문제를 글로 설명하기, 자신에게 설명해 보기 등 문제해결 방법과 회사와 가정에서 스마트한 문화를 창조하기 위한 8가지 방법이 기술되어 있다.

● 조선일보 등 주요 15개 언론사의 추천
● KBS TV, CBS방영 및 추천

새로운 리더십을 위한 지혜의 심리학

이끌지 말고 따르게 하라

김경일 지음 | 324쪽 | 값 15,000원

이 책은 '훌륭한 리더', '존경받는 리더', '사랑받는 리더'가 되고 싶어 하는 모든 사람들을 위한 책이다. 요즘 사회에서는 존경보다 질책을 더 많이 받는 리더들의 모습을 쉽게 볼 수 있다. 저자는 리더십의 원형이 되는 인지심리학을 바탕으로 바람직한 리더의 모습을 하나씩 밝혀준다. 현재 리더의 위치에 있는 사람뿐만 아니라, 앞으로 리더가 되기 위해 노력하고 있는 사람이라면 인지심리학의 새로운 접근에 공감하게 될 것이다. 존경받는 리더로서 조직을 성공시키고, 나아가 자신의 삶에서도 승리하기를 원하는 사람들에게 필독을 권한다.

● 예스24 리더십 분야 베스트셀러
● 국립중앙도서관 사서 추천 도서

30초 만에 상대의 마음을 사로잡는

스피치 에센스

제러미 도노반, 라이언 에이버리 지음
박상진 옮김 | 348쪽 | 값 15,000원

타인들을 대상으로 하는 연설의 가치는 개별 청자들의 지식, 행동 그리고 감정에 끼치는 영향력에 달려있다. 토스마스터즈 클럽은 이를 연설의 '일반적 목적'이라 칭하며 연설이라면 다음의 목적들 중 하나를 달성해야 한다고 규정하고 있다. 지식을 전달하고, 청자를 즐겁게 하는 것은 물론 나아가 영감을 불어넣을 수 있어야 한다. 이 책은 토스마스터즈인 제러미 도노반과 대중연설 챔피언인 라이언 에이버리가 강력한 대중연설의 비밀에 대해서 말해준다.

경쟁을 초월하여 영원한 승자로 가는 지름길

탁월한 전략이 미래를 창조한다

리치 호워드 지음 | 박상진 옮김 | 값 17,000원

이 책은 혁신과 영감을 통해 자신들의 경험과 지식을 탁월한 전략으로 바꾸려는 리더들에게 실질적인 프레임워크를 제공해준다. 저자는 탁월한 전략을 위해서는 새로운 통찰을 결합하고 독자적인 경쟁 전략을 세우고 헌신을 이끌어내는 것이 중요하다고 강조한다. 나아가 연구 내용과 실제 사례, 사고 모델, 핵심 개념에 대한 명쾌한 설명을 통해 탁월한 전략가가 되는 데 필요한 핵심 스킬을 만드는 과정을 제시해준다.

● 조선비즈, 매경이코노미 추천도서
● 저자 전략분야 뉴욕타임스 베스트셀러

세계 초일류 기업이 벤치마킹한
성공전략 5단계

승리의 경영전략

AG 래플리, 로저마틴 지음
김주권, 박광태, 박상진 옮김
352쪽 | 값 18,500원

이 책은 전략의 이론만을 장황하게 나열하지 않는다. 매일 치열한 생존경쟁이 벌어지고 있는 경영 현장에서 고객과 경쟁자를 분석하여 전략을 입안하고 실행을 주도하였던 저자들의 실제 경험과 전략 대가들의 이론이 책 속에서 생생하게 살아 움직이고 있다. 혁신의 아이콘인 A.G 래플리는 P&G의 최고책임자로 다시 돌아왔다. 그는 이 책에서 P&G가 실행하고 승리했던 시장지배의 전략을 구체적으로 보여 줄 것이다. 생활용품 전문기업인 P&G는 지난 176년간 끊임없이 혁신을 해왔다. 보통 혁신이라고 하면 전화기, TV, 컴퓨터 등 우리 생활에 커다란 변화를 가져오는 기술이나 발명품 등을 떠올리곤 하지만, 소소한 일상을 편리하게 만드는 것 역시 중요한 혁신 중에 하나라고 할 수 있다. 그리고 그러한 혁신은 체계적인 전략의 틀 안에서 지속적으로 이루어질 수 있다. 월 스트리트 저널, 워싱턴 포스트의 베스트셀러인 〈Plating to Win: 승리의 경영전략〉은 전략적 사고와 그 실천의 핵심을 담고 있다. 래플리는 10년간 CEO로서 전략 컨설턴트인 로저마틴과 함께 P&G를 매출 2배, 이익은 4배, 시장가치는 100조 이상으로 성장시켰다. 이 책은 크고 작은 모든 조직의 리더들에게 대담한 전략적 목표를 일상 속에서 실행하는 방법을 보여주고 있다. 그것은 바로 사업의 성공을 좌우하는 명확하고, 핵심적인 질문인 '어디에서 사업을 해야 하고', '어떻게 승리할 것인가'에 대한 해답을 찾는 것이다.

● 경영대가 50인(Thinkers 50)이 선정한 2014 최고의 책
● 탁월한 경영자와 최고의 경영 사상가의 역작
● 월스트리스 저널 베스트 셀러

진정한 부와 성공을 끌어당기는 단 하나의 마법

생각의 시크릿

밥 프록터, 그레그 레이드 지음
박상진 옮김 | 268쪽 | 값 13,800원

성공한 사람들은 그렇지 못한 사람들과 다른 생각을 갖고 있는 것인가? 지난 100년의 역사에서 수많은 사람을 성공으로 이끈 성공 철학의 정수를 밝힌다. 〈생각의 시크릿〉은 지금까지 부자의 개념을 오늘에 맞게 더 구체화시켰다. 지금도 변하지 않는 법칙을 따라만 하면 누구든지 성공의 비밀에 다가갈 수 있다. 이 책은 각 분야에서 성공한 기업가들이 지난 100년간의 성공 철학을 어떻게 이해하고 따라 했는지 살펴보면서, 그들의 성공 스토리를 생생하게 전달하고 있다.

● 2016년 자기계발분야 화제의 도서
● 매경이코노미, 이코노믹리뷰 소개

세계를 무대로 미래의 비즈니스를 펼쳐라

21세기 글로벌 인재의 조건

시오노 마코토 지음 | 김성수 옮김
244쪽 | 값 15,000원

세계 최고의 인재는 무엇이 다른가? 이 책은 21세기 글로벌 시대에 통용될 수 있는 비즈니스와 관련된 지식, 기술, 그리고 에티켓 등을 자세하게 설명한다. 이 뿐만 아니라, 재무, 회계, 제휴 등의 업무에 바로 활용 가능한 실무적인 내용까지 다루고 있다. 이 모든 것들이 미래의 주인공을 꿈꾸는 젊은이들에게 글로벌 인재가 되기 위한 발판을 마련해주는데 큰 도움이 될 것이다. 저자의 화려한 국제 비즈니스 경험과 감각을 바탕으로 비즈니스에 임하는 자세와 기본기. 그리고 실천 전략에 대해서 알려준다.

성과기반의 채용과 구직을 위한 가이드

100% 성공하는
채용과 면접의 기술

루 아들러 지음 | 352쪽 | 이병철 옮김 | 값 16,000원

기업에서 좋은 인재란 어떤 사람인가? 많은 인사담당자는 스펙만 보고 채용하다가는 낭패당하기 쉽다고 말한다. 최근 전문가들은 성과기반채용 방식에서 그 해답을 찾는다. 이는 개인의 역량을 기초로 직무에서 성과를 낼 수 있는 요인을 확인하고 검정하는 면접이다. 이 책은 세계의 수많은 일류 기업에서 시도하고 있는 성과기반채용에 대한 개념, 프로세스, 그리고 실행방법을 다양한 사례로 설명하고 있다.

● 2016년 경제경영분야 화제의 도서

MIT 출신 엔지니어가 개발한
창조적 세일즈 프로세스

세일즈 성장 무한대의 공식

마크 로버지 지음 | 정지현 옮김 | 272쪽 | 값 15,000원

세일즈를 과학이 아닌 예술로 생각한 스타트업 기업들은 좋은 아이디어가 있음에도 불구하고 성공을 이루지 못한다. 기업이 막대한 매출을 올리기 위해서는 세일즈 팀이 필요하다. 지금까지는 그 목표를 달성하게 해주는 예측 가능한 공식이 없었다. 이 책은 세일즈를 막연한 예술에서 과학으로 바꿔주는 검증된 공식을 소개한다. 단 3명의 직원으로 시작한 스타트업이 1천억 원의 매출을 달성하기까지의 여정을 통해 모든 프로세스에서 예측과 계획, 그리고 측정이 가능하다는 사실을 알려준다.

● 아마존 세일즈분야 베스트셀러

세계 최초 뇌과학으로 밝혀낸 반려견의 생각

반려견은 인간을
정말 사랑할까?

그레고리 번즈 지음 | 316쪽 | 김신아 옮김 | 값 15,000원

과학으로 밝혀진 반려견의 신비한 사실

순종적이고, 충성스럽고, 애정이 넘치는 반려견들은 우리에게 있어서 최고의 친구이다. 그럼 과연 반려견들은 우리가 사랑하는 방법처럼 인간을 사랑할까? 수십 년 동안 인간의 뇌에 대해서 연구를 해 온 에모리 대학교의 신경 과학자인 조지 번즈가 반려견들이 우리를 얼마나, 어떻게 사랑하는지에 대한 비밀을 과학적인 방법으로 들려준다. 반려견들이 무슨 생각을 하는지 알아보기 위해 기능적 뇌 영상을 촬영하겠다는 저자의 프로젝트는 놀라움을 넘어 충격에 가깝다.

혁신으로 성장과 변화를 주도하는

신제품 개발의 성공전략

로버트 쿠퍼 지음
류강석, 신동영, 박상진 옮김 | 값 25,000원

오늘날 비즈니스 환경에서 진정한 혁신과 신제품개발은 중요한 도전과제이다. 하지만 대부분의 기업들에게 야심적인 혁신은 보이지 않는다. 이 책의 저자는 제품혁신의 핵심성공 요인이자 세계최고의 제품개발프로세스인 스테이지-게이트 (Stage-Gate)에 대해 강조한다. 아울러 올바른 프로젝트 선택 방법과 스테이지-게이트 프로세스를 활용한 신제품개발 성공 방법에 대해서도 밝히고 있다. 신제품은 기업번영의 핵심이다. 이러한 방법을 배우고 기업의 실적과 시장 점유율을 높이는 대담한 혁신을 성취하는 것은 담당자, 관리자, 경영자의 마지노선이다.

김병완의 공부혁명 (가제)

김병완 지음 | 값 15,000원

공부는 20대에게 세상을 살아갈 수 있는 힘과 자신감 그리고 내공을 길러준다. 그래서 20대 때 공부에 미쳐 본 경험이 있는 사람과 그렇지 못 한 사람은 알게 모르게 평생 큰 차이가 난다. 진짜 청춘은 공부하는 청춘이다. 공부를 하지 않고 어떻게 100세 시대를 살아가고자 하는가? 공부는 인생의 예의이자 특권이다. 20대 공부는 자신의 내면을 발견할 수 있게 해주고, 그로 인해 진짜 인생을 살아갈 수 있게 해준다. 이 책에서 말하는 20대 청춘이란 생물학적인 나이만을 의미하지 않는다. 60대라도 진짜 공부를 하고 있다면 여전히 20대 청춘이고 이들에게는 미래에 대한 확신과 풍요의 정신이 넘칠 것이다.

당신은 어떤 글을 쓰고 있나요? (가제)

황성근 지음 | 값 13,500원

글쓰기는 인간의 기본 능력이자 자신의 능력을 발휘하는 핵심적인 도구이다. 글은 이론만으로 잘 쓸 수 없다. 좋은 글을 많이 읽고 체계적인 연습이 필요하다. 이 책에서는 기본 원리와 구성, 나아가 활용 수준까지 글쓰기의 모든 것을 다루고 있다. 이 책은 지금까지 자주 언급되고 무조건적으로 수용되던 기존 글쓰기의 이론들을 아예 무시했다. 실제 글쓰기를 할 때 반드시 필요하고 알아두어야 하는 내용들만 담았다. 책의 내용도 외울 필요가 없고 소설 읽듯 하면 바로 이해되고 그 과정에서 원리를 터득할 수 있도록 심혈을 기울인 책이다. 글쓰기에 대한 깊은 고민에 빠진 채 그 방법을 찾지 못해 방황하고 있는 사람들에게 필독하길 권한다.

최고의 전략과 경쟁우위를 위한 핵심가이드

마이클 포터 에센스 (가제)

조안 마그레타 지음
김언수, 김주권, 박상진 옮김 | 값 17,000원

이 책은 방대하고 주요한 마이클 포터의 이론과 생각을 한 권으로 정리했다. 〈하버드 비즈니스리뷰〉 편집장 출신인 조안 마그레타(Joan Magretta)는 마이클 포터와의 협력으로 포터 교수의 아이디어를 업데이트하고, 이론을 증명하기 위해 생생하고 명확한 사례를 알기 쉽게 설명한다. 전략경영과 경쟁전략의 핵심을 단기간에 마스터하기 위한 사람들의 필독서다.

- ● 전략의 대가, 마이클포터 이론의 결정판
- ● 아마존 전략 분야 베스트 셀러
- ● 일반인과 대학생을 위한 전략경영 필독서

**"비즈니스의 성공을 위해
꼭 알아야하는 경영의 핵심지식"**

퍼스널 MBA

조쉬 카우프만 지음
이상호, 박상진 옮김
756쪽 | 값 25,000원

지속가능한 성공적인 사업은 경영의 어느 한 부분의 탁월성만으로는 불충분하다. 이는 가치창조, 마케팅, 영업, 유통, 재무회계, 인간의 이해, 인적자원 관리, 전략을 포함한 경영관리 시스템 등 모든 부분의 지식과 경험 그리고 통찰력이 갖추어 질 때 가능한 일이다. 그렇다고 그 방대한 경영학을 모두 섭렵할 필요는 없다고 이 책의 저자는 강조한다. 단지 각각의 경영원리를 구성하고 있는 멘탈모델(Mental Model)을 제대로 익힘으로써 가능하다.

세계 최고의 부자인 빌게이츠, 워런버핏과 그의 동업자 찰리 멍거(Charles T. Munger)를 비롯한 많은 기업가들이 이 멘탈모델을 통해서 비즈니스를 시작하고, 또 큰 성공을 거두었다. 이 책에서 제시하는 경영의 핵심개념 248가지를 통해 독자들은 경영의 멘탈모델을 습득하게 된다. 필자는 지난 5년간 수천 권이 넘는 경영 서적을 읽었다. 수백 명의 경영 전문가를 인터뷰하고, 포춘지 선정 세계 500대 기업에서 일을 했으며, 사업도 시작했다. 그 과정에서 배우고 경험한 지식들을 모으고, 정제하고, 잘 다듬어서 몇 가지 개념으로 정리하게 되었다. 이들 경영의 기본 원리를 이해한다면, 현명한 의사결정을 내리는 데 유익하고 신뢰할 수 있는 도구를 얻게 된다. 이러한 개념들의 학습에 시간과 노력을 투자해 마침내 그 지식을 활용할 수 있게 된다면, 독자는 어렵지 않게 전 세계 인구의 상위 1% 안에 드는 탁월한 사람이 된다. 이 책의 주요내용은 다음과 같다.

- ● 실제로 사업을 운영하는 방법
- ● 효과적으로 창업하는 방법
- ● 기존에 하고 있던 사업을 더 잘 되게 하는 방법
- ● 경영 기술을 활용해 개인적 목표를 달성하는 방법
- ● 조직을 체계적으로 관리하여 성과를 내는 방법

병원에 안가고 오래 건강하게 사는법 (가제)

마이클 그레거 지음 | 홍영준 외 옮김
값 25,000원

미국 최고의 영양 관련 웹사이트인 http://NutritionFacts.org를 운영 중인 세계적인 영양전문가이자 내과의사가 과학적인 증거로 치명적인 질병을 예방할 수 있는 식습관에 대해 집대성한 책이다. 생명을 일찍 잃는 대다수 사람들의 경우, 식생활과 생활방식의 간단한 개선만으로 질병 예방이 가능하다. 저자는 영양과 생활방식의 조정이 처방약, 항암제, 수술보다 더 효과적일 수 있다고 강조한다. 오래 동안 건강하게 살기 위해서는 어떤 음식을 섭취해야 하는지, 또 어떤 생활습관을 가져야 하는지에 대한 명쾌한 해답을 제시해주고 있다.

● 아마존 식품건강분야 신간 1위 ● 출간 전 8개국 판권 계약

현대의학의 한계를 극복하는 새로운 대안

불치병의 원인과 치유법은 무엇인가 (가제)

앤서니 윌리엄 지음 | 배윤호 옮김 | 값 25,000원

이 책은 현대의학으로는 치료가 불가능한 질병으로 고통 받는 수많은 사람들에게 새로운 치료법을 소개한다. 저자는 사람들이 무엇으로 고통 받고, 어떻게 그들의 건강을 관리할 수 있는지에 대한 영성의 목소리를 들었다. 현대의학으로는 설명할 수 없는 질병이나 몸의 비정상적 상태의 근본 원인을 밝혀주고 있다. 당신이 원인불명의 증상으로 고생하고있다면 이 책은 필요한 해답을 제공해 줄 것이다.

● 아마존 건강분야 베스트셀러 1위

서울대학교 말하기 강의 (가제)

김종영 지음 | 값 15,000원

이 책은 공론 장에서 타인과 나의 의견이 다름을 인정하고, 그 차이점을 조율해 최종적으로 합리적인 의사 결정을 도출하는 능력을 강조한다. 특히 자신의 말하기 태도와 습관에 대한 성찰을 통해, 자신에게 가장 적합한 말하기의 특성을 찾을 수 있다. 독자들은 창의적이고 구체적인 이야기 구성능력을 키우고, 논리적이고 설득적인 말하기 능력을 훈련할 뿐만 아니라, 말의 주체로서 자신이 한 말에 책임을 지는 윤리성까지 인식하는 과정을 배울 수 있다. 논술을 준비하는 학생을 포함한 교사와 학부모 그리고 말하기에 관심 있는 일반 독자들에게 필독을 권한다.

최고의 전략과 경쟁우위를 위한 핵심가이

마이클포터 에센스

조안 마그레타 지음
김언수, 김주권, 박상진 옮김
값 17,000원

마이클 포터(Michael E. Porter)는 전략경영 분야의 세계 최고 권위자다. 개별 기업, 산업구조, 국가를 아 는 연구를 전개해 지금까지 17권의 저서와 125편의 논문을 발표했다. 저서 중『경쟁전략(Compe Strategy)』(1980), 『경쟁우위(Competitive Advanta (1985), 『국가 경쟁우위(The Competitive Advanta Nations)』(1990) 3부작은 '경영전략의 바이블이자 터피스'로 공인받고 있다. 경쟁우위, 산업구조 분석 지 경쟁요인, 본원적 전략, 차별화, 전략적 포지셔 치사슬, 국가경쟁력 등의 화두는 전략 분야를 넘어 학 전반에 새로운 지평을 열었고, 사실상 세계 모 영 대학원에서 핵심적인 교과목으로 다루고 있다. 은 방대하고 주요한 마이클 포터의 이론과 생각을 으로 정리했다. 〈하버드 비즈니스리뷰〉 편집장 출 저자는 폭넓은 경험을 바탕으로 포터 교수의 강력 찰력을 경영일선에 효과적으로 적용할 수 있도록 한다. 즉, "경쟁은 최고가 아닌 유일무이한 존재가 자 하는 것이고, 경쟁자들 간의 싸움이 아니라, 장기적 투하자본이익률(ROIC)을 높이는 것이다." 반인들이 잘못 이해하고 있는 포터의 이론들을 다 한다." 전략경영과 경쟁전략의 핵심을 단기간에 다 하여 전략의 전문가로 발돋음 하고자 하는 대학생 론 전략에 관심이 있는 MBA과정의 학생을 위한 이다. 나아가 미래의 사업을 주도하여 지속적 성공 꾸는 기업의 관리자에게는 승리에 대한 영감을 줄 것이다.

● 전략의 대가, 마이클포터 이론의 결정판
● 아마존 전략 분야 베스트 셀러
● 일반인과 대학생을 위한 전략경영 필독서

기업체 교육안내 〈탁월한 전략의 개발과 실행〉

월스트리트 저널(WSJ)이 포춘 500대 기업의 인사 책임자를 조사한 바에 따르면, 관리자에게 가장 중요한 자질은 〈전략적 사고〉로 밝혀졌다. 750개의 부도기업을 조사한 결과 50%의 기업이 전략적 사고의 부재에서 실패의 원인을 찾을 수 있었다. 시간, 인력, 자본, 기술을 효과적으로 사용하고 이윤과 생산성을 최대로 올리는 방법이자 기업의 미래를 체계적으로 예측하는 수단은 바로 '전략적 사고'에서 시작된다.

전략적 사고

부서를 초월한 업무능력
성과도출 능력
전반적 리더십
핵심재무/회계의 이해

〈관리자의 필요 자질〉

새로운 시대는 새로운 전략!

- 세계적인 저성장과 치열한 경쟁은 많은 기업들을 어려운 상황으로 내몰고 있다. 산업의 구조적 변화와 급변하는 고객의 취향은 경쟁우위의 지속성을 어렵게 한다. 조직의 리더들에게 사업적 혜안(Acumen)과 지속적 혁신의지가 그 어느 때보다도 필요한 시점이다.

- 핵심 기술의 모방과 기업 가치사슬 과정의 효율성으로 달성해온 품질대비 가격경쟁력이 후발국에게 잠식당할 위기에 처해있다. 산업구조조정만으로는 불충분하다. 새로운 방향의 모색이 필요할 때이다.

- 기업의 미래는 전략이 좌우한다. 장기적인 목적을 명확히 설정하고 외부환경과 기술변화를 면밀히 분석하여 필요한 역량과 능력을 개발해야한다. 탁월한 전략의 입안과 실천으로 차별화를 통한 지속가능한 경쟁우위를 확보해야 한다. 전략적 리더십은 기업의 잠재력을 효과적으로 이끌어 낸다.

〈탁월한 전략〉 교육의 기대효과

① 통합적 전략교육을 통해서 직원들의 주인의식과 몰입의 수준을 높여 생산성의 상승을 가져올 수 있다.
② 기업의 비전과 개인의 목적을 일치시켜 열정적으로 도전하는 기업문화로 성취동기를 극대화할 수 있다.
③ 차별화로 추가적인 고객가치를 창출하여 장기적인 경쟁우위를 바탕으로 지속적 성공을 가져올 수 있다.

- 이미 발행된 관련서적을 바탕으로 〈탁월한 전략〉의 필수적인 3가지 핵심 분야 (전략적 사고, 전략의 구축과 실행, 전략적 리더십)를 통합적으로 마스터하는 프로그램이다.

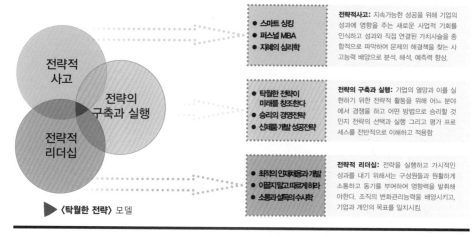

전략적 사고
전략의 구축과 실행
전략적 리더십

▶ 〈탁월한 전략〉 모델

- 스마트 싱킹
- 퍼스널 MBA
- 지혜의 심리학

전략적사고: 지속가능한 성공을 위해 기업의 성과에 영향을 주는 새로운 사업적 기회를 인식하고 성과와 직접 연결된 가치사슬을 종합적으로 파악하여 문제의 해결책을 찾는 사고능력 배양으로 분석, 해석, 예측력 향상.

- 탁월한 전략이 미래를 창조한다
- 승리의 경영전략
- 신제품 개발 성공전략

전략의 구축과 실행: 기업의 열망과 이를 실현하기 위한 전략적 활동을 위해 어느 분야에서 경쟁을 하고 어떤 방법으로 승리할 것인지 전략의 선택과 실행 그리고 평가 프로세스를 전반적으로 이해하고 적용함

- 최적의 인재채용과 개발
- 이끌지말고 따르게하라
- 소통과설득의수사학

전략적 리더십: 전략을 실행하고 가시적인 성과를 내기 위해서는 구성원들과 원활하게 소통하고 동기를 부여하여 영향력을 발휘해야한다. 조직의 변화관리능력을 배양시키고, 기업과 개인의 목표를 일치시킴.

특강 및 교육 신청 및 문의: 진성북스, 02-3452-7762

BPM 리더십코스

 세계적 리더십 & 매니지먼트 전문 교육 기업 Crestcom International의 핵심역량 리더십 프로그램으로, CEO, 관리자, 핵심리더에게 필요한 글로벌 리더십 프로그램입니다.

1 CEO, 핵심리더에게 필요한 [10 Core Competencies]를 중심으로 각 분야별 매니지먼트 리더십 프로그램을 제공합니다

2 60개국의 CEO들을 대상으로 리더십 핵심 역량을 조사하여 관리자들이 갖추어야 할 리더십 핵심 역량을 10개 그룹, 24개 모듈로 세분화 하여 월 1회 4시간씩 12개월 과정으로 운영됩니다.

3 BPM 리더십코스는 관리자 등 핵심리더 교육프로그램으로 "사람(부하직원과 고객)의 마음을 얻는 스킬"의 내재화와 행동 변화에 초점을 맞추고 있습니다.

BPM 리더십 코스 핵심역량별 교육내용

경영리더십 핵심역량	각 모듈의 주제	주제강의
의사소통	• 경청의 힘 • 긍정적인 셀프이미지를 향상하라 • 유대감을 형성하라 • 긍정적인 커뮤니케이션으로 동기를 부여 하라 • 차원이 높은 커뮤니케이션 방법 • 효과적인 전화 커뮤니케이션	의사소통, 고객관리, 동기부여, 시간관리, 협상 문제해결, 전략적 사고, 경영혁신, 스트레스관리, 인사관리
고객관리	• 고객의 기대를 뛰어넘어라 • 까다로운 고객: 이렇게 대처하라	Lisa Ford
동기부여	• 성과를 높이는 열쇠: 칭찬하라 • 변혁적인 리더가 되어라 • 멘토링으로 리더를 육성하라 • 동기부여로 생산성을 향상시켜라 • 효과적 권한 부여의 7단계 • 직원들이 최고가 되도록 지원하라	John Hersey Nido Qubein John Hersey Jim Cathcart Bob Johnson John Hersey
시간관리	• 시간투자 전략을 개발하라 • 1시간을 70분으로 만들어라	Terry Paulson Jim Henning
협상	• 성공적인 협상법	Jim Henning
문제해결	• 관리자들의 창의성을 적극 활용하라 • 조직 내의 갈등을 해소하라	Bob Johnson Terry Paulson
전략적 사고	• 전략적으로 사고하고 전략적으로 기획하라 • 효율적 기획을 위한 7단계	Marcia Steele Bob Johnson
경영혁신	• 성공적으로 변화를 추진하라	Terry Paulson
스트레스관리	• 스트레스를 잡아라	Amanda Gore
인사관리	• 채용, 교육 그리고 직원 보상을 잘하는 법	Lisa Ford

창의성의 비밀을 밝힌다!
'스마트 싱킹' 세미나

인지심리학자와 〈스마트 싱킹〉의 역자가 함께하는
'스마트 싱커' 되기 특별 노하우

"성공을 무조건 좇지 말고, 먼저 스마트해져라!"

스마트 싱킹의 가치는 명백하다. 사물의 원리와 일의 원인을 생각하고, 의사소통하고, 의사결정을 내리고, 행동하는 모든 과정을 통해 얻어지는 멘탈모델(Mental Model)의 밑바탕에는 언제나 스마트 싱킹이 존재한다. 따라서 스마트 싱킹은 자신이 필요한 것을 더 수월하고, 신속하게 얻기 위한 지름길이다.

세미나 내용

- 스마트 싱킹이란 무엇인가?
- 스마트 싱킹의 법칙
- 스마트한 습관 만들기와 행동 변화
- 3의 원리가 가진 비밀과 원리 실행하기
- 고품질 지식의 획득과 문제 해결 능력
- 비교하기와 지식 적용하기
- 효과적으로 기억하고 기억해내기
- 조직을 살리는 스마트 싱킹

특강 및 교육 신청 및 문의: 진성북스, 02-3452-7762

진성북스 회원으로
여러분을 초대합니다!

진성북스 공식카페
http://cafe.naver.com/jinsungbooks

혜택 1

» 회원 가입 시 진성북스 도서 1종을 선물로 드립니다.

혜택 2

» 진성북스에서 개최하는 강연회에 가장 먼저
    초대 드립니다.

혜택 3

» 진성북스 신간도서를 가장 빠르게 받아 보실 수
    있는 서평단의 기회를 드립니다.

혜택 4

» 정기적으로 다양하고 풍부한 이벤트에
    참여하실 수 있는 기회를 드립니다.

- 홈페이지 : www.jinsungbooks.com
- 블 로 그 : blog.naver.com/jinsungbooks
- 페이스북 : www.facebook.com/jinsungbooks

– 문   의 : 02)3452-7762